现代支付体系与支付经济研究

周金黄　著

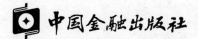
中国金融出版社

责任编辑：黄海清
责任校对：李俊英
责任印制：丁淮宾

图书在版编目（CIP）数据

现代支付体系与支付经济研究（Xiandai Zhifu Tixi yu Zhifu Jingji Yanjiu）/
周金黄著 . —北京：中国金融出版社，2015. 6
ISBN 978 - 7 - 5049 - 7965 - 0

Ⅰ . ①现… Ⅱ . ①周… Ⅲ . ①支付方式—研究 Ⅳ . ①F830. 73

中国版本图书馆 CIP 数据核字（2015）第 119289 号

出版
发行　　中国金融出版社

社址　北京市丰台区益泽路 2 号
市场开发部　（010）63266347，63805472，63439533（传真）
网 上 书 店　http://www.chinafph.com
　　　　　　（010）63286832，63365686（传真）
读者服务部　（010）66070833，62568380
邮编　100071
经销　新华书店
印刷　北京松源印刷有限公司
装订　平阳装订厂
尺寸　169 毫米 ×239 毫米
印张　12. 25
字数　200 千
版次　2015 年 6 月第 1 版
印次　2015 年 6 月第 1 次印刷
定价　45. 00 元
ISBN 978 - 7 - 5049 - 7965 - 0/F. 7525
如出现印装错误本社负责调换　联系电话（010）63263947

序　言

支付体系是经济金融体系的重要组成部分，是货币资金运行的管道和重要基础设施。经济活动必然会发生交易，产生债权债务关系，支付就是债务人把债务结清并与债权人解除债权债务关系的过程，或者债务标的转移的过程。人类社会从自然经济时代到商品经济时代，再到货币经济时代，货币的存在形式也经历了实物货币、商品货币到纸币，再到电子货币、数字货币阶段。支付的标的随之发生变化。支付体系的变革顺应了货币形态的变革。而这种变革，是人类不断降低交易成本、提高交易效率，努力克服交易对手在时间上的不一致性、空间上的隔离、偏好上的异质性或个性化，实现随时、随地、随意的交易支付从而作出不懈努力的结果。

银行业的诞生，是商业活动发展到高级阶段，人们从降低交易成本、提高交易效率，使支付活动变得方便易行的一种创新。银行的负债作为存款人的债权，一方面承担保值增值的功能，另一方面也承担了支付功能。基于银行信用的账户转账支付使得银行券、银行票据、银行卡的应用逐步取代实物货币，大大降低了货币的转移、铸造、储存成本，进而节省了交易成本。现代网络信息技术的发展与金融技术相结合，使得支付技术与支付体系发生了又一个革命性的变化。非银行类支付机构的介入，与银行机构竞争合作，促进了支付服务行业的市场化。互联网支付、手机支付实现了随时、随地、随意支付，大大降低了交易摩擦，使支付变得更加平滑、经济、高效。基于企业信用的担保支付、信用支付所产生的账户外部性、规模经济，对传统银行体系形成有力竞争。

中央银行自诞生以来，一直在跨行清算结算领域起着主导作用。事实上，最早的中央银行就是从银行间的清算所脱胎而来的。作为货币发行与监管当局，中央银行除了要制定实施货币政策、稳定币值，维持经济活动所需的货币供给以外，还要维护货币转移（流通）机制的安全稳定，保持公众对货币转移机制的信心。为此，对于跨银行间的大额支付结算，各国中央银行几乎无例外地亲自建设相关系统，采用中央银行货币结算。但在零售支付清算方面，由于经济发展模式不同、市场化程度不同、文化传统和制度体系不一，不同国家或地区采取的模式有较大差异。

进入 21 世纪以来，中国的支付体系经历了一个巨大的电子化、信息化过程。在这个过程中，实业界和学术界就支付体系的研究，从无到有，从偶然到非常频繁地进行了跟踪、研究、分析。但从经济学的角度对支付体系进行的研究，只有数量不多且分散的一些公开资料。相比之下，欧美地区学术界对支付体系的研究要早得多，尤其在对支付体系进行经济学分析方面，可谓硕果颇丰。

《现代支付体系与支付经济研究》一书，从货币、银行、支付体系发展的密切联系出发，比较系统地梳理了支付体系的演化、现代支付体系架构、影响支付体系发展的主要因素、支付体系运行原理、支付服务市场定价、支付服务创新、支付体系对货币体系的影响、支付体系与金融稳定的联系、支付体系监管等重要问题，对未来中国支付体系的发展提出了建设性建议。这本书对现代支付体系的研究具有系统性、逻辑性强的特点，宏观微观相结合，理论与实践相结合，有一定的开拓性。

首先，作者从经济学的角度研究货币演化史与支付体系的变迁，揭示了支付体系发展的微观基础，以及支付体系各要素，如支付工具、支付清算网络创新，多层次清算网络构建及全球互联，多边市场体系的形成等背后的经济动因。

其次，科学技术尤其是信息技术革命促进了货币的信息化、数字化发展。这种发展使得银行部门的特许权价值——为客户开立账户并存管资金的特权被突破。非银行类机构通过与银行的合作，发行电子现金或电子货币逐步取得了支付账户开立权。基于企业信用的支付机制得以建立。

最后，支付体系或货币转移机制的变革对货币体系、货币政策及金融稳定产生越来越大的作用与影响，给中央银行和金融监管部门带来挑战。如何应对支付体系的全球化、市场化、数字化，已经成为一个非常重大的课题。

在互联网金融时代，支付体系的效率、安全、便捷、低成本性成为检验金融业的重要标尺。

作者长期参与中国支付体系的建设、相关政策制定以及监管工作，在就读博士研究生期间，对现代支付体系进行过比较深入的研究。该书就是作者在博士研究生论文基础上的完善。作为他的博士研究生导师，我对此感到欣慰！也预祝此书出版会引起专家和读者的关注与喜欢！

2015 年 5 月

目　　录

导　论

20 世纪 50 年代以来，随着科学技术特别是网络信息技术的发展，金融与技术相结合的趋势日益增强，支付体系进入了现代阶段。支付交易网络系统日益复杂，支付工具呈现多样化，支付服务走向个性化。支付体系的发展和优化是技术创新、行业竞争、经济发展和全球化的必然结果。现代化的支付手段和支付系统打破了交易的时空限制，模糊了国（边）境界限的物理意义，大大节省了支付交易的时间，降低了交易成本，提高了支付交易的效率，加速了资金周转，丰富了信用体系，深刻地改变着人们的支付习惯和生活方式。基于互联网、银行卡和通信工具的网上支付、移动支付正在成为网络社会中零售支付的主体方式，也是电子商务得以发展的支撑，并给提供支付服务的企业带来现实的巨大的商机，支付服务的产业化发展阶段已经到来。

现代支付体系的发展也给经济金融理论特别是货币经济学、银行理论提供了全新的研究视角。20 世纪 80 年代兴起的新货币经济学在很大程度上以电子支付系统的发展和完善作为其物质技术基础。进入 21 世纪，与货币理论、银行理论和支付体系相关联的一个新学科又产生了，这就是"支付经济学"。关于支付经济学，有学者（Jeffrey M. Lacker, John A. Weinberg, 2000）[1] 将其定义为研究交易机制的学科。支付经济学广泛吸收了货币和银行理论的技术和视角，并运用了行业组织如网络行业的分析工具，把这些手段进行综合，形成了对分散化交易体系的研究框架，进而形成了关于为交易提供服务的机构相关政策问题的分析途径[2]。

与此同时，中央银行作为货币政策制定者，也越来越关注其介入交易安排及监管清算和结算安排对促进效率的意义及其经济学意义。在过去的数十年中，电

---

[1]　Jeffrey M. Lacker, John A. Weinberg: Payment economics: studying the mechanics of exchange, *Journal of Monetary Economics* 50（2003）: 381-387.

[2]　同[1]。

子支付系统的发展，特别是中央银行建设的大额实时电子支付系统在货币政策的实施中正在发挥核心作用。中央银行取消法定准备金要求（如新西兰、加拿大、澳大利亚等七个国家)[①] 后，央行控制短期利率的能力却比以往任何时候都强。比如，在短期利率的调节方面，中央银行改变了传统的通过公开市场操作来实现自身目标的行为方式，转而通过在电子支付系统中设定商业银行存入中央银行的备付金利率和从央行借入的清算资金的隔夜贷款利率区间来控制同业拆借利率区间，进而影响其他利率。电子支付的发展还使货币供给越来越呈现出内生性：电子货币的发行，使经济中以预付机制为特征的信用得以扩张。一旦电子货币的使用成为占主导地位的日常支付工具，其对货币供给及货币政策的影响则无法被忽视。

支付体系的发展和复杂化还带来了一系列新的风险，增强了经济活动的不确定性。首先是存在于支付清算系统中的多边清算、轧差机制和非实时结算，可能使债务人的信用风险不被及时察觉，这可能导致支付链的中断，最终会造成系统性的支付风险；其次是具有融资功能的支付工具如信用卡、票据可能产生的信用风险、欺诈风险；最后是网上支付中的安全问题，同时也存在信用风险、法律风险和欺诈风险。因此，作为经济金融一个重要组成部分的现代支付体系，其能否安全、高效运行已成为各国中央银行密切关注的问题。因为中央银行的主要功能之一是保障公众对货币转移机制的信心，这种信心极其依赖于经济主体通过支付体系顺畅而安全地传导货币和金融工具的能力。"支付体系必须是健康而安全的，即使在依赖其运行的金融市场发生危机的情况下也应如此，而且支付体系本身绝不应成为引发金融市场危机的根源。"近年来，对支付结算体系的监管已经成为各国中央银行及国际金融组织一项正式而系统性的职能。国际清算银行（BIS）支付结算体系委员会（CPSS）专门发布了《中央银行对支付体系的监管报告》[②]，明确了对国家重要支付系统有效监管的十项原则，以及跨境监管合作的 Lamfalussy 原则。

总之，现代支付体系在经济发展史中无疑具有划时代的意义，其影响是深刻的、全面的。本书的研究旨在从宏观微观两个层面，提示支付体系及其各要素的作用机理，试图为支付经济学的理论研究提供一个视角。

---

① 周金黄：《现代支付体系发展与货币政策机制调整》，载《金融研究》，2007（1）。

② Central bank oversight of payment and settlement systems, by Committee on Payment and Settlement Systems, BIS, May 2005, from www. bis. org.

第1章 货币、银行与支付体系

支付是货币债权的转移，或债务人释放其债务责任、履行债权人与债务人之间权利义务关系的行为。货币是支付手段或媒介，而支付是货币所有权的转移，是一个动态概念。现代支付体系的形成是货币及其作用不断演化的结果。银行作为经营货币的企业，通过建立强大的信用，存管货币，充当支付的中介人和代理人，并推动支付方式的创新，因而在现代支付体系形成过程中发挥着关键作用。中央银行制度诞生以来，法律赋予央行发行法定货币的权力，主宰货币的供给，在货币金融体系中担任核心角色，从而也是现代支付体系中的核心。本章按照历史的逻辑，论述货币产生的必然性及其作用、银行业和非现金支付工具的兴起、清算结算机制的建立、中央银行的诞生，最终构建一个现代支付体系的完整框架，并阐述其经济作用。

1.1 货币作为支付手段的起源及作用

1.1.1 货币的起源及其性质的经典论述

人类自文明时代开始，货币的形态发生了一系列的变革。从远古时的牲畜、贝壳，到金银等贵金属货币，再到银行券与银行存款，不可兑换的纸币，以及非银行金融机构的负债等，再到现代的电子货币，所涉及的实物商品和金融资产种类很多。货币作为一个经济体普遍接受的交换媒介或支付手段，在任何社会的任何时候，执行着三个职能，即交易媒介、记账单位（价值尺度）、价值贮藏手段。"在某些特殊的场合，要想用经验的方法区分出货币，就需要判断这些事物是否能够或多或少地执行上述职能。"①

　　在古典经济学家中，亚当·斯密（1776）对货币的起源进行过较全面的论述（《国富论》第四章）。斯密从劳动生产率增长决定劳动分工的角度，阐述在一个社会劳动分工确立的情况下，生产者必须用他们的一部分劳动成果同其他人的劳动成果相交换。他指出，"当劳动分工确立以后，一个人自己劳动的产品就只能满足他需要的很小一部分。他把自己劳动产品的超过自己消费的剩余部分，用来交换自己需要的他人劳动产品的剩余部分，以此满足自己的绝大部分需要"。然而，"当劳动分工最初开始发生时，这种交换力量的运作必然常常遇到种种妨碍和困难"，使其运行过程中受阻或搁浅。因为作为生产者的需求具有明显的不相容性。这样，"每一个明智的人自然而然地必定要设法这样去处理他的事务：除了自己劳动的特殊产品外，随时随地带有一定数量的某种商品，他设想用这种商品来交换他人的劳动产品时是没有人会拒绝接受的"。这种"随时随地"携带的商品在所有的国家，由于不可抗拒的理由，被选定为某种金属。斯密通过从理论上把货币界定为一种商品，从而把货币与他的劳动价值论联系起来。他认为，由于货币的实际价格是受其生产条件变化的影响的，所以用来充当货币的金属不能成为这种固定不变的尺度。金属货币所能够起到的最主要的作用是建立"名义价格"，这种价格随着金属和货币中金属含量的价值呈反方向变化。

　　马克思在《资本论》第一卷第二章中明确指出："既然其他一切商品只是货币的特殊等价物，而货币是它们的一般等价物，所以它们是作为特殊商品来同作为一般商品的货币发生关系。"在《资本论》第一卷第三章中，马克思又指出：货币作为支付手段的职能，使"货币变成契约上的一般商品"。在《经济学手稿》中，马克思说："货币的属性是……同特殊商品并存的一般商品"（第46卷上）；"货币由于是每一种特殊商品在观念上或实际上采取的一般形式，因而是一般商品。货币在"一般等价物"这一规定中已包含着一般商品的概念规定，而货币只有作为一般商品才能实现为世界铸币。"（同上，下册）可见，马克思关于货币的论述核心思想是，货币作为一般等价物因而是为社会普遍接受的支

---

　　① 约翰·史密森著，柳永明、王蕾译：《货币经济学前沿：论争与反思》（修订版），上海财经大学出版社，2004。

付手段；货币是一种价值尺度，其他任何商品的价值都可用货币来衡量。

奥地利经济学家卡尔·门格尔（1892）给出了货币起源的经典解释，指出货币如何在没有人发明它的情况下从交易中出现。在简单原始的物物交换经济中，每一个交易者都需要寻找一个交易伙伴，同时这个交易伙伴还正好需要他的待出售物品（即所谓"需求双重耦合"）。由于这种交换必须两两对应，在信息获取成本很高，以及存在着时间和空间隔离的情况下，两两交换的范围很小而且只能是偶然实现的。这样，在某个时期，个人开始采用间接交换的方式，他们接受另一种物品，将之用于交换他们真正找寻的物品。于是就产生了一种普遍的社会需求：一个交易者能够先用他初始拥有的物品换得某种可以被用来交换他最终所需要的消费品的物品。货币正是经过人们不断地尝试，经过一系列步骤才出现的，每一步骤都基于个人交易者的自我寻找行为而发生，并非后来才成为每个人的意念的社会秩序（交换媒介）使然（劳伦斯·H. 怀特，2003）。而交易者不断降低交易成本的努力最终将使得一种单一商品成为本位币，如金或银。这种商品必须被最广泛地接受或最容易出售给他人，一旦这种经过特别选择的单一商品出现，它就具有了某种自我强化的特性。凯文·多德（2004）指出，中介商品的使用使交换程序大大简化。在纯粹的物物交换之下，会有 n（n−1）/2 个独立的交易点，每个交易点交换两样商品。在有了中介商品之后，交易点的数目被减少至（n−1）个。一个交易点能用中介商品交易所有的商品。要出售特定商品的个人只需要在一个交易点搜寻，商品的价格也只有（n−1）种，非常便于记账。在黄金为中介商品的情况下，用黄金的重量就可表示出（n−1）种商品的价格。

从货币发展的历史看，从本身具有价值的商品货币到本身无价值的纸币，货币的支付手段职能应当是其最基本的职能，而且源于人们对货币的普遍接受性。其他两个职能是货币作为支付手段职能的延伸，但这并不意味着后两个职能不重要。非现金支付工具的发展和演化使货币的价值尺度和记账单位功能越来越扮演重要角色。

事实上，货币具有的价值尺度的功能衍生出货币作为价值贮藏手段的职能，并且使得货币成为一种社会信用关系。詹姆斯·托宾认为[①]，社会成员以一定的方式同意将货币作为在他们之间进行支付和清偿债务的工具，对于该惯例的普遍认可（而不是经协商而产生的特殊媒介物）是货币具有巨大社会价值的来源。在货币的社会关系理论（英格汉姆，1996）中，货币被看作是经济参与者之间的一种社会关系。该理论认为不论作为交易媒介或结算工具的货币材料具有怎样的物质属性，社会赋予货币构筑与实践的力量是真实的。所有流通中的媒介之所以被人们接受，是因为它们是由本位币来度量的，并且人们完全相信它们最终可被兑换成本位货币。

关于货币与信用的古典政治经济学理论是以一个基本假设为特征的，即"自然的和谐普遍存在于市场经济运行之中"，且这种和谐一直延伸至货币与信用领域（伊藤·诚、考斯达斯·拉帕维查斯，1999）。在该领域，古典经济学可区分为两个明显不同的学派。货币学派（秉持货币数量论）强调商品的产出总量与商品货币的总量的和谐均衡。货币在市场交换中是次要的，是实际经济活动的"面纱"；而银行学派强调，只要银行贷款的支付是以非投机性为原则的，在商品产出与信用货币关系之间的和谐同样具有大的可能性。银行学派通过强调货币贮藏与支付的功能，反对货币数量论，因为按照货币数量论的观点，在其他条件不变的情况下，物价水平的高低和货币价值的大小由货币数量决定。货币数量增加时，物价也随之上涨，而单位货币的价值则同时成反比例的下降。凯恩斯于1930年提出了"记账货币"的概念，这是商品化或商业化过程中许多重要基础概念的出发点，如价格表、利润与财富的货币计量及记账工作，据此才可以对包括以记账单位计量的最终支付手段的标准化进程，以及对于安全可靠的信用关系的发展过程进行考察。这些实践过程应被看作是市场经济出现的前提条件而非结果（约翰·史密森，2003）[②]。

在真实的市场经济中，为市场销售所进行的生产及交换关系都是暂时的，其中货币为市场经济建立起可靠的信用关系提供了重要工具。因此，货币与信用、投机及决策中的不确定性等问题关系非常密切（戴维森，1994）。在希克斯

---

① 纽曼、米尔盖特、伊特韦尔编，胡坚等译：《新帕尔格雷夫货币金融大辞典》第二卷，经济科学出版社，2000。

② 约翰·史密森著，柳永明、王蕾译：《货币经济学前沿：论争与反思》（修订版），上海财经大学出版社，2004。

（《货币的市场理论》，1989）看来，从信用的角度出发来理解货币会更加正确。他指出，除了最简单的经济之外，任何代表性交易都不是"即时"支付，既非物物交换的即时支付，也不是钱货两清。事实上，交易过程经常包含着某种形式的赊销或预付。在某些情况下，支付手段会先于货物和劳务发生转移；在另一些情况下，最终的支付又会发生在货物与劳务交付之后。关键的问题在于，在最初签订合同之后，立刻自动产生两种债务关系，一种以"货币"为标的，另一种则以真实的货物或劳务为标的。其中，货币的作用是双重的，它使原始合同的条款得以订立的同时，也成为债务清算的工具。货币既充当了记账单位职能，又担负了延迟支付标准。两者的混合体被希克斯等人称为价值标准。因此，从根本上来说整个经济体系需要建立起安全可靠的信用关系，从而也就需要一种基本的货币资产。该资产既可以确定价值标准，又可以确凿不疑地代表最终支付手段。在现代社会中，中央银行充当最后贷款人这一点表明，中央银行货币与其他形式的交易媒介或价值贮藏手段相比，具有最强的信用。而根植于现代市场经济中的交换或生产决策中的不确定性是任何技术都无法消除的，从而需要不断地对个人的支付承诺进行质量判断。

1.1.2　现代关于货币作用的研究

经济学的难题在于，如何把货币三位一体的职能对经济的作用与影响同时体现出来。政治经济学家们试图从货币的需求出发来研究货币在经济中的作用与影响，也就是说，人们为什么需要货币，持有货币能带来何种益处以及与其他资产相比持有货币的益处有多大。围绕这些问题，理论界一直争论不休，以至于产生了许多流派，如货币金属论、货币名目论、货币面纱论、货币数量论、理性预期学派等。20 世纪 50 年代以后，经济学家们把关于货币作用的视野转向微观领域，试图探寻货币发挥作用的微观基础。

建立货币经济学的微观基础，是要通过清晰地限定阻碍市场功能发挥的摩擦，从而把法定货币的价值和必要性内生化。这项工作要求所建立的理论框架能够反映货币的作用随着政策和环境方面的变化而变化。为此，经济学家们发展了一系列理论模型，试图把货币纳入一般均衡理论框架之中。这些模型的目的在于，证明如果货币相对于没有货币的经济，它能够改进资源配置的效率，则货币是必要的。卡尔·E. 沃什归纳了三种基本的方法（Carl E. Walsh 2003）[①]：第一种，假设货币直接产生效用并将货币余额直接置于模型中经济主体的效用函数（Sidrauski，1967）或生产函数中（Lavhari 和 Patinkin，1968）。第二种，设置某种形式的交易成本以使货币需求得以形成，如资产交换是有代价的（Baumol，1952；Tobin，1956）；某些交易必须使用货币（Clower，1967）；假设消费品的取得需要由时间和金钱共同提供的交易服务，或者假设直接的易货交易有其代价（Kiyotaki and Wright，1989）。第三种，与其他资产一样，把货币看作是资源跨期转移的载体（Samuelson，1958）。基于这些不同的对货币作用的认识，经济学家们建立了不同类型的理论模型。如基本的内含货币效用模型（MIU）、预留现金模型、搜寻理论、购物时间模型、交叠世代模型等。这些模型的绝大多数有一个共同的特点，即施加了特定的假设以便把货币移植到一般均衡框架。但是这些模型假设所带来的问题是，不能较好地与现实情况相一致，特别是经不起卢卡斯批评（Lucas Critique）的检验（石寿永，2006）[②]。

根据石寿永（2006），正式建立货币的微观基础开始于 Kareken 和 Wallace（1980）。他们把法币作为货币经济学研究的主要对象，并归纳了此后被广泛使用的货币性模型的三种规范形式：第一个是萨缪尔森首创的货币的交叠世代模型。第二个是 Townsend（1980）的空间隔离模型。在这些模型中，代理人在获得禀赋的时间上不同，以及他们在空间上隔离的市场之间旅行的旅程不同。空间隔离喻指市场之间以及实施合同之间的通信存在困难。第三个是 Bewley（1980）的模型。在这个模型中，每个代理人面临着异质性的偏好或禀赋冲击。虽然代理人能够在每个时期内完全进行易货交易，但他们无法实施跨期合同，特别是无法实施保险合同。货币则承担了自我保险的作用。然而，这些模型之间很难相互沟通，因为每个模型使用了特殊的结构来强调某种特定的交易摩擦。

清泷信洪和赖特（Nobuhiro Kiyotaki and Randall Wright，1989）[③] 在这方面做了开创性的工作。他们在 Robert A. Jones（1976）、Seongwhan Oh（1989），以及 Katsuhito Iwai（1988）等人的基础上建立和发展了货币的搜寻理论。运用搜

[①] 卡尔·E. 沃什著，周维忠译：《货币理论与政策》（第二版），上海财经大学出版社，2004。

[②] Shouyong Shi: A Microfoundation of Monetary Economics，2006.

[③] Nobuhiro Kiyotaki and Randall Wright: A Search - Theoretic Approach to Monetary Economics，*The American Economic Review*，1993.

寻模型，清泷和赖特研究了商品货币充当交易媒介的决定问题；1991 年清泷和赖特又进一步建立了法币作为交易媒介具有价值的问题，使用法币能够影响私人和社会福利；之后（1993）两位学者又建立了改进的模型，讨论货币具有的潜在福利改进作用，专业化与货币性交易之间的交互作用等问题。石寿永（2006）称之为货币的价值理论。之后，有关货币理论的基础的研究还拓展到了通货膨胀的成本问题。其中最有影响或最为流行的两个研究模型是石寿永的大家庭模型和拉格斯—赖特（Lagos – Wright）模型。后者假定经济中存在集中化和分散化的市场以及拟线性偏好。后来，Miquel Faig 提出了把石寿永模型和拉格斯—赖特模型相融合的具有乡村特点经济中的可分割货币模型。其特点是克服了前两个"家户模型"中存在的缺陷，认为家庭中的成员具有不同的兴趣。在 Faig 的模型中，代理人既可在村庄内部交易，从而交易者之间可以使用债券和保险合同；又可跨村交易，即相对于比较陌生的人，他们需要货币（Ed Nosal，Guillaume Rocheteau，and Randall Wright，2005）①。

以上关于货币的理论试图揭示货币的内涵、作用以及对实体经济的影响。随着信用的发展、货币金融体系的演进、国家政治权力的增强，货币本身所具有的三位一体的功能出现了分离的趋势，这为非现金支付工具的兴起与发展提供了强有力的制度基础和文化基础。

1.2　非现金支付工具的产生与银行业的兴起

非现金支付工具随着货币的演变而发展，经历了漫长的过程。有实体的铸币或商品货币称为外部货币，因为它是持有人的一种资产却不是其他任何人的负债，或对其他任何的金融要求权。而银行出现以后，银行制造的交换媒介是持有者对商业银行的债权，称作内部货币。这种货币（或称银行券）相对于金属货币，性质上是一种非现金支付工具，与金属货币保持一定的比价关系。

---

① Ed Nosal，Guillaume Rocheteau and Randall Wright：Recent Developments in Monetary Economics：A Summary of the 2004 Workshop on Money，Banking and Payments，from Policy Discussion Papers Number 8，January 2005.

1.2.1　非现金支付工具的产生是商业信用发展的客观要求

在商品经济中，生产的目的是为了交换并获得剩余资产。随着生产力的不断发展和劳动分工的细化，货币性交易逐渐占据主导地位。而非现金支付工具作为货币替代物，能够克服时间和空间隔离的缺陷，实现在现金支付条件下不能实现的支付效率，从而大大强化了货币性支付交易的功能。其中，商业票据是最早的现金替代工具。现代意义上的票据在欧洲起源于 12 世纪的意大利。当时，位于地中海北岸的意大利各城邦商业发达，贸易繁荣，集市兴旺，导致票据的产生。到了 16 世纪，票据的流通性被发现，出现了背书制度。而支票被认为起源于荷兰，17 世纪传入英国。之后，支票制度渐渐传播到欧洲诸国进而遍及世界。

中国完整意义上的票据出现在唐宪宗时期（公元 806—820 年）。当时的交易主要以铜钱、绢布为媒介，但这两种物品都不便携带，于是产生了"飞钱"制度，以代替现金输送。《新唐书·食货志》记载："宁宗以钱少，复禁用铜器，时商贾至京师，委托诸道进奏院及诸军、诸使、富户以轻装趋四方，合券乃取之，号曰飞钱"。[①] 即当时的商人在京城将出售商品所得的钱交付地方驻京的进奏院及各军各使等机关，或交给在各地方设有联号的富商，由得钱的这些部门发给半联证券，另半联寄往相关各地的进奏院或商号。商人回到地方后，"合券"而取钱。经历宋明两代，票据得到进一步发展，相继出现了"交子"、"便钱"、"关子""汇券"、"庄票"、"期票"等票据形式。中国历史上票据发展的黄金时期是在清代，票据的形式趋于完备规范，流通范围广泛。票号尤以晋商和徽商最为兴盛和著名。清朝末年，西方的票据制度伴随其银行制度进入中国并逐渐取代了中国原有的票据形式和票号。

1.2.2　银行的诞生为信用体系的强化建立了必要基础

银行的产生是市场经济发展的产物。历史记录显示，在中世纪的意大利，最初出现了一批从事货币兑换生意的商人。在许多城邦聚集的地区，由于每一城市的货币不同，货币兑换者为入境的商人和其他旅游者提供用当地铸币兑换

---

① 梁宇贤著：《票据法理论与实务》，8 页，台湾五南图书出版公司，1980。

本区以外货币的服务，并为出境者反向提供货币。后来，从事货币兑换的商人发展到吸收定期和活期存款（de Roover，1974）。商人把货币存在货币兑换者的账上，需要时就提取，比每次都把外国货币兑换成等值的当地货币来得方便，货币兑换者的保险库被当作临时的铸币保管处。英格兰早期的存款交由金匠保管，金匠的库房担当着货币保险柜的功能。金匠由于备有能够保存大量黄金的设施，因而可以使保存更多的黄金的边际费用较小。金匠们发现，向储户发行拥有要回黄金权利的收据，这样是有利可图的。随着黄金存款活动的增多，逐渐发展为，当两名成员达成商品购销协议时，一名成员会去取回他的黄金支付给另一名成员，另一名成员把所得的黄金储存，经常是保存在同一个金匠那里。由于金匠会继续其偿还黄金的承诺，对成员来说，仅接受金匠的收据会更便利，从而省却了每个人再次取出黄金和储存它的麻烦。这样，收据本身就逐步作为交易媒介流通起来。当金匠存款余额的转账成为其客户所接受的支付方式时，它便开始起到货币的作用（凯文·多德，2004）。与此同时，由于存在金匠那里的黄金或贵金属一般来说能够抵偿赎回的要求，因此净提款量通常相当低。金匠可以贷出黄金赚取利润，并为增加更多可供贷出的黄金存款而竞争。于是存款费用变成了存款利息，收据变成了钞票，金匠变成了银行家。

银行的出现意味着代理人能根据信用来支付，即逐渐转为使用银行券做支付媒介。根据怀特（1999），银行券可能是从在存款收据或银行本票上签字以实现支付的实践中演化而来的。当这些支付变得可预见时，存款人出于便利的考虑，要求将存款收据标准化并实行见票即付，从而便利和保证支付。支付变得简单是因为不需要来回签名。支付得到保证是因为持票人的票据仅是对银行的要求权。作为扩大流通和利润的方式，银行家乐于相应地发行这种要求权。这是金匠的存款收据演变为银行券的路径（Usher，1943；Richards，1965）。使用银行券能够减少持有成本很高的"闲置"黄金的存量。商品交易中的收款方只要相信发行这些银行券的银行，他就会接受付款方用这些媒介支付。对银行的信任取代两个独立的代理人之间缺乏的信任是商品交易不断扩大的信用基础。两个代理人之间不能保证他们在日后还会发生交易，但对同一家银行的信任却能扩大各自的交易范围和数量，并由此扩大了个体间能够进行的交易。

1.2.3　银行间相互提供信用导致清算与结算机制的产生

在存在着多家银行，而每家银行都发行自己可赎回的货币或存款负债的情况下，如果每家银行都拒绝以平价（面值）接受其他银行的负债，则每家银行券的适用范围也会受到很大限制。如果三个商品交易者分别持有不同银行的银行券（意味着其存款在不同的银行），不同银行的银行券不能平价兑换使得相互间交易发生困难，其中有的交易者必须把银行券兑换成黄金或白银进行支付。银行为了留住客户，获取利润，就需要相互持有通货和存款，其结果是通货和存款要求权的清算和结算制度的形成（怀特，1999）。平价承兑的范围越广，利润越大。当所有银行的负债在整个经济区域内平价流通时，该区域的边界就在成员们获得流通的利益（假设边际利益随着离金融中心的距离增加而递减）等于成员们的交易、运输和管理成本（假设边际成本递增）的地方，交易和运输成本的下降将扩大平价接受的区域（怀特，1999）。

随着银行业的竞争与合作的发展，各家银行发行的银行券或银行票据实现了平价接受。但各家银行自己发行的银行券最终是要兑换的，这样就产生了一家银行持有其他银行的银行券和票据债权（或债务）的清算或赎回问题。而银行具有独特的账户管理功能，使得它们相互之间进行票券兑换是完全可能的，因为银行为客户开立的账户具有存款和支付方面的信息记录、传递功能，能够利用这些功能降低信息交流成本。于是，银行间从最初的双边兑换发展到多边兑换并产生了专业化的服务组织——清算机构。在多边清算条件下，一天进行一两次交换就可完成双边兑换情况下必须进行的 $n(n-1)/2$ 次交换，从而使得时间和运输成本大大下降，持有储备的量可以进一步减少到多边要求权的净额（因为双边清算的净额需要用储备货币来交割）。于是各家银行都乐意把自身利润的一部分出让给专门从事票据交换和清算业务的专门组织。西方清算组织的发展基本遵循了这一模式。最终结果是，一个区域内包含所有银行的统一清算体系的产生。在金银等贵金属货币居统治地位时期，解决银行间账户余额清算的方式是在每一清算期末（如一天），通过人力实现外部货币的实物转移。但这种方式还不够经济便捷，后来清算所之间发展出了清算所协会，通过发行用于银行间结算的纸币形式的要求权凭证实现清算。清算所协会除了承担清算与结算的主要功能外，还承担了监督职能，对不履行贷款归还责任者、不良支票的传递者等信息进行公布，甚至督察成员银行的健康经营情况。

1.3　中央银行的诞生和货币的法定化

经济发展到近代阶段，当最终决定性的货币成为贵金属后，银行的发展和银行券的发行，使交易者普遍使用银行发行的通货和可转账存款进行支付。黄金或白银的单位作为记账单位，银行发行的货币以黄金或白银的单位计值，并按平价被广泛接受。银行间自发形成了由一家或多家清算所连接的一个统一的系统。整个社会形成的以银行业为核心的支付体系为货币的国家化与中央银行的诞生提供了基础。中央银行的诞生正是建设统一的国家货币信用体系的需要。

有关研究表明（Jeffrey M. Lacker，1997）[1]，中央银行产生的历史根源就是充当银行业的清算中介。欧洲地区中央银行的先驱包括 16 世纪德国和地中海的公共清算银行，这种银行在商人和银行家之间传递记账式信用。设立于 1609 年的阿姆斯特丹魏塞尔银行（Wisselbank）被法律授予从事票据交易的清算和结算职能，这类票据是中世纪后期以及现代早期商业领域普遍使用的支付工具，当时的统治者规定，金额在 600 弗罗林及以上的票据交易必须在该银行进行结算。

世界上最早出现的由政府发起设立的银行是瑞典国家银行（1668 年）和英格兰银行（1694 年）。根据查尔斯·古德哈特[2]，当初一些欧洲国家的政府发起创立银行时，并未打算让其执行现代中央银行的职能。政府的主要动机是，设立这样的银行能够得到金融方面的好处，如换取财政援助等。英格兰银行成立后首先要做的就是以 8% 的利息借给皇室 120 万英镑。同时，英格兰银行发行一种生息的见票即付的支票。1697 年，英国议会通过法案的形式把英格兰银行转为政府的银行。政府设立的银行由于得到了某种垄断地位，从而在发行钞票或从事银行其他业务中居于优势。英格兰银行还兼具贷款和清算职能。欧洲资本主义国家的中央银行诞生的背景大多是为整顿混乱的钞票（银行券）发行局面，集中管理和保护国家的贵金属储备，简化与改进支付系统等。政府的银行一旦设立，并通过法律对其权力予以确认，就在金融系统内处于核心地位，取得对

---

① Jeffrey M. Lacker: Clearing, settlement and monetary policy, *Journal of Monetary Economics* 40 (1997): 347 – 381.

② 纽曼、米尔盖特、伊特韦尔编，胡坚等译：《新帕尔格雷夫货币金融大辞典》第一卷，310 页，经济科学出版社，2000。

国家大部分铸币储备的控制权，通过商业汇票的再贴现提供额外现金和铸币能力，以及获取可观的铸币税收入。

从中央银行诞生的历史看，具有一定的客观必然性。在自由放任的市场经济中，处于特殊地位的银行业，通过自由竞争获取收益，面临着经济周期和各种不确定性的威胁，这使整个社会的信用体系非常不稳定。企业和居民持有大量的可兑换银行券或票据，当经济衰退来临或战争到来时，这些银行券就可能在顷刻间失去价值，引起银行恐慌，甚至是经济金融危机。整个 19 世纪及其之前，处于世界经济领先地位的欧洲大陆资本主义国家，其中央银行呈现出渐进式的发展模式，而且全世界的中央银行也几乎集中在欧洲，这与资本主义从自由竞争阶段向垄断资本主义发展的模式相适应。1797 年，英国法律的一项限制禁止了英格兰银行以黄金赎回其银行券，有效地使银行券成为合法通货①。1833 年英格兰银行的这项特权成为永久性权力。而英格兰银行通过增加对政府的信用贷款，使双方紧密联系在一起，其他银行的黄金储备也保存在英格兰银行的金库中，从而使英格兰银行处于法定的中央银行地位。

20 世纪以后，世界各国纷纷设立中央银行，体现了私有制的市场经济中货币金融制度（包括支付制度）演化的必然选择。1913 年成立的美国联邦储备银行一开始的职能是发行货币并接收存款，不久便涉足支付清算业务。金本位和金币本位制度的崩溃更是使得一个国家必须具有承担统一货币信用体系的、全社会能够普遍接受的不兑现货币，或称法币。与此相适应，国家必须有一个代位承担法币的发行并维护其信用的机构，这个机构也就相应具备了清算和结算的功能。

但是，关于中央银行的诞生以及不兑现货币的产生，理论界一直有争论。新货币经济学派认为，中央银行的产生以及不可兑现的法币的出现主要是法律限制的结果。以布莱克（1970），考文与克罗斯纳（1987），尤金法马（1980，1983），霍尔（1982），格林菲尔德以及伊格尔（1983，1989），华莱士（1983）等为代表的新货币经济学派持自由银行论，主张取消货币发行的法律限制。他们主张：建立一个无管制的、技术上高度精密的竞争性支付体系是完全可能的。

---

① 纽曼、米尔盖特、伊特韦尔编，胡坚等译：《新帕尔格雷夫货币金融大辞典》第一卷，316 页，经济科学出版社，2000。

在这个体系中没有现金，流通中的交易媒介和记账媒介相分离。记账单位可以是某种实物产品，或是一揽子商品，以便用这些商品表示的价格可保持相对稳定。货币职能的分离意味着记账单位的选择可以是任意的，但是中性的，就像重量单位和长度单位的作用一样。新货币经济学派的这些论点建立在"中央银行是造成通货膨胀的始作俑者"这种信念基础之上的，这与哈耶克（1967）的观点颇为相似。后者认为，商业银行的自由竞争会产生一种私人性稳定的货币体系。然而，货币的发展史一再证明，货币是一个政治经济学的范畴，体现了生产方式内部各要素之间的内在联系。货币不仅用于商品间的交易，用于衡量和储藏价值，而且是调整私人福利与社会福利之间关系的工具。

经济发展阶段	货币形态	支付方式
自然经济阶段 　　自给自足	无货币或有简单实物货币	实物；面对面支付。具有偶然性
商品经济阶段 　生产的目的是为了交换	贵金属货币、银行券、票据等	贵金属货币，银行券，票据等，可以非面对面；清算所，钱庄，票号。具有经常性
市场经济阶段 　生产的目的是为了获取货币价值	纸币/硬币； 银行存款； 以簿记账户为核心的电子货币	现金（法币）；存款转账；支付卡；电子货币；电子资金转账（支付）系统；全天候

1.4　现代支付体系的形成

与中央银行的出现相适应，法定货币（或纸币）取代金属货币，大大降低了货币的运输和储存成本。而票据对货币起到了补充作用，不仅进一步降低了运输和储存成本，也减少了偷窃风险，并提供了交易记录功能。电子支付指令的出现又一次革命性地减少了支票的处理时间和成本，使现代支付体系中的支付媒介更加丰富多样，呈现出纸钞、纸基票据、电子票据、支付卡（包括银行卡和多用途储值卡）、网上支付、手机支付等形式，近年来电子货币的发展也很快。这是科学技术的发展特别是网络信息技术的发展与银行金融技术相融合的结果。

更为重要的是，为提高跨银行间（包括金融市场）的清算和结算效率，发达国家率先建设了基于计算机网络的跨行支付系统，起初采取批量轧差结算技术。近年来，绝大多数发达国家和经济体、新兴市场化国家（包括中国）都建设运行了大额实时支付系统，每笔业务实时到账，实现了货币债权的零在途。但小额支付仍然采用净额结算系统，在日终进行轧差结算。这些跨行支付系统把各类金融市场联结为一体，每日处理的交易资金达到数千亿甚至数万亿美元，因而成为一国经济金融体系的核心基础设施。鉴于其重要性，特别是对货币政策和金融稳定的影响，大额支付系统一般由中央银行组织建设或运行。

支付工具的不断丰富，支付服务市场和支付服务机构的快速发展，以及银行间支付系统的建设运行，推动了支付体系法律制度的变革和完善。主要内容包括：中央银行在支付体系的地位和作用的界定；对商业银行、非银行清算机构和第三方支付机构的管理和监督；针对现金、纸基支付工具、电子支付工具及其他电子支付方式的法律制度；针对重要支付系统的效率与安全方面的法规制度，以及对支付服务中的定价、竞争等方面进行的指导。

在上述关于货币及其职能的考察以及支付体系形成历史的简要回顾基础上，对现代支付体系的研究就有了清晰的框架。可以将支付体系分为三至四层结构。最上层为中央银行，中间层为商业银行和非银行类清算组织，底层为企业和个人。使三个层次形成一个有机整体的要素是法定货币、支付工具、簿记系统和法规制度。

中央银行之所以处在支付体系的顶端，是因为央行垄断了货币发行权。在纸币本位制下，一国的法定货币充当了支付手段、价值尺度和财富贮藏手段三位一体的职能。货币发行权的垄断和纸币本位决定了中央银行是整个经济体中的最后贷款人，是维护支付链的核心主体。为保持币值稳定、维护社会公众对货币转移机制的信心，中央银行需为整个支付体系提供流动性支持，为跨行的支付、清算与结算提供制度性安排，并监督和组织化解支付体系的风险。

商业银行处在支付体系的中间层。商业银行接受公众存款，向企业和个人发放贷款，经营各类资产和负债业务以及表外业务。银行吸收存款的特权、簿记系统所具有的信息记录与信息交流功能以及银行信用，使其具有了发行非现金支付工具和运用转账方式转移货币债权的独特能力。但在货币与支付体系中，商业银行的货币创造与扩张功能受制于中央银行，当银行信用由于某种或多种冲击而发生动摇时，需要货币当局救助。另外，跨行的支付结算涉及的清算金额巨大，任何一家第三方机构都可能无力提供结算信用，中央银行就自然垄断了大额资金结算。客户与客户之间的生产性或消费性交易除现金、易货交易外，非现金支付要经过商业银行进行结算。如果两家客户的开户行是同一家商业银行，债权的转移只需通过商业银行行内系统进行资金汇划，贷记债权人账户，借记债务人账户。如果两家客户的开户行属于不同的银行，就会涉及跨行的资金清算与结算。

在支付体系中，还有一类机构处在商业银行之间或商业银行与客户之间，专门提供支付清算服务。网络信息技术在支付领域的广泛应用打破了传统上由银行业提供支付工具的垄断性格局，出现了一大批市场化的支付服务机构。这类机构的服务领域比较广泛，涉及的支付、清算业务越来越多，包括票据清算、银行卡跨行信息交换、网上支付、移动支付、商业银行交易数据处理或后台业务等。其业务运作模式也是多种多样的。既有专门提供支付清算服务的机构，也有跨行业提供支付清算服务的混业经营机构；既有接受服务对象保证金的服务模式，也有不接受服务对象保证金、纯粹提供交易信息处理的服务模式。

处在支付体系底层的是企业和居民。企业之间、企业与个人之间以及个人之间的支付除现金和易货形式外，其他支付形式需要相应的信用为支撑。不同的非现金支付形式具有等级不同的信用，因而在不同的国家由于信用体系的完善程度不同、收入的结构（基尼系数）有差异，与信用相关的支付工具的发展状况也有差异。把上述组织结构联系在一起，就形成一个完整的支付体系（如图 1－1 所示）。

从货币债权转移机制的视角考察支付体系，所有的参与者处在货币体系、支付系统基础设施和法律制度安排连接的一个完整系统（如图 1－2 所示）① 之中。其中，支付工具包括现金和票据、银行卡、网上支付、移动支付工具等，用于传达收付款人支付指令、实现债权债务清偿和货币转移。支付系统支撑各

---

① 本图引自 BIS 的 CPSS 报告：General guidance for payment system development，2005 年 5 月。

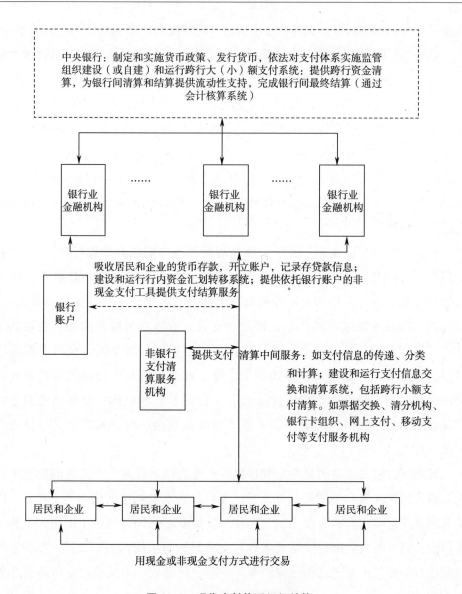

图1-1 现代支付体系组织结构

种支付工具应用、为资金转移、清算和最终结算提供通道。支付服务机构向社会提供支付工具、清算和结算网络服务，是支付体系中的能动要素。支付法律制度是规范支付行为的基本准则，是调整支付体系参与者之间利益关系、维护参与者合法权益的法律依据。中央银行为实现支付体系的公共政策目标，即为维护支付结算体系安全性、效率性以及公众对支付结算体系的信心，综合运用经济、法律和行政手段，对支付服务组织、支付系统和支付工具进行监督管理。

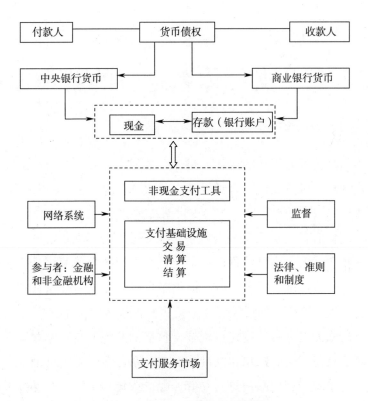

图 1-2　现代支付体系运行结构

第2章 支付体系运行的基本原理

以网络信息技术为依托的现代支付体系的形成和发展，为经济金融交易提供了安全高效的、可定制的、全天候的支付服务，提高了经济透明度和支付服务机构对人口、资本的渗透率，并为支付创新提供了广阔的空间。

非现金支付时代，货币债权或债务要依托支付结算账户进行记录和收付。支付结算账户所记录、收付的货币资金信息必须用社会普遍接受的法偿货币作为记账单位、价值尺度、贮藏手段。提供账户服务的机构必须具有账户所有者认可的信用，保证账户上的货币资金的真实性、准确性。在满足这三个条件的前提下，支付服务提供者通过建设资金支付汇划系统，向服务对象发行支付工具，并将该工具与相应的账户建立准确对应关系，使得用支付工具发出的支付指令通过支付系统与相应账户进行交互，存取或转移资金。在支付工具与账户进行信息交互时，需要支付终端受理、识别、确认支付指令，并通过支付系统进行传递，这样就在支付工具、支付终端、支付系统、支付结算账户4个基本要素点之间形成了完整的系统。整个支付体系的运行围绕这几个要素点展开。

2.1 现代支付体系要素、内在结构及支付过程

根据图2-1，可以将支付体系分解为8个要素点，6个面，12条基本线。其中，8个要素点分别为：账户（A）、渠道（B）、工具（I）、终端（T）、消费者（C）、商家（M）、银行（B）、非银行支付机构（P）。6个面分别为：CMPB，市场主体；ABCI&APCI，支付工具（货币）发行市场；STMP&STMB，受理市场；CMTI，商品（物流）市场；ASTI，支付流；ABPS，资金流。12条基本线反映了支付体系中要素间的密切关系。支付体系中的要素点、面、基本线共同构成一个多维、动态的结构。但图2-1仅仅是一个单点集，不涉及同类要素之间的交互。在真实的经济活动中，同类要素之间也在发生密集的信息交

互，形成了维度更多的"支付大厦"。

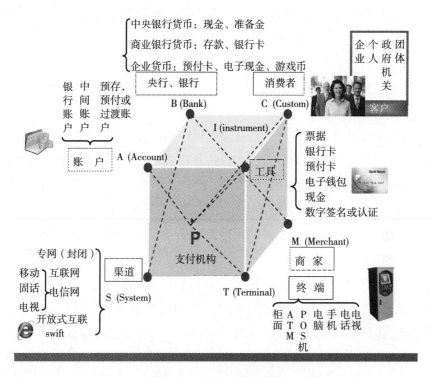

图 2-1　现代支付体系运行

首先考察账户体系。在传统的支付体系中，账户体系是由银行等金融机构建设和维护的。银行账户所承载的资金，即银行存款，属于商业银行货币。而商业银行在中央银行设立的准备金账户所记录的货币资金属于中央银行货币。随着非金融类支付机构的兴起和发展，支付机构也为适应客户的需要设立了支付账户，这类账户所承载的货币资金可称为企业货币，因为其真实性、准确性、不可抵赖性、不可篡改性依赖于企业的信用。无论中央银行货币、商业银行货币，还是企业货币，只要其发行者采用了社会普遍接受的、法律认可的同类记账单位、价值尺度（比如人民币），并保证其真实性和准确性，则这些货币便可无障碍地转换、流通。账户体系是社会资金运动的起点和终点，是资金的集散地，是公众对货币转移机制的信心、货币金融体系稳定的基石，也是非现金支付体系的核心。

非现金支付工具包括传统的票据、银行卡、委托收付款凭证或合同文本、新兴的预付卡、电子现金、数字签名、网络账户支付、密码支付、其他基于账户的身份识别认证工具等。其中票据可以背书转让，只是商业汇票由于有效期长，成为重要的融资工具。预付卡、电子现金、数字签名认证工具、人体特征识别技术等新兴支付工具的出现和发展，是信用货币发展到信息化时代的产物。电子支付工具的内在价值通常与某个或某种支付结算（或存款）账户相关联，由其发行者的信用和账户的实名程度来决定，信用等级越高、实名程度越强，则风险等级越低。

支付系统或渠道，将支付工具通过支付终端，与账户体系相连接，负责传递支付指令信息或资金转移信息，实现账户资金的存取和转移。电信基础设施的高度发达，网络信息技术的高度发展，使得支付清算系统的建设和互联互通变得比较容易。公共网络也可以通过加密算法、认证技术、协议、防火墙等，形成比较独立的专用网络。不同的支付系统之间可以通过前置系统、接口、安全认证机制和设施实现互联。

支付终端用于与支付工具进行交互，承担支付指令的发出和应答，检查支付指令的合法性、真实性，并将支付信息送到支付系统进行处理。ATM、POS机等机具是最典型的支付终端。手机、电脑、移动终端、可穿戴设备等已经成为有竞争力的新兴支付终端。这类支付终端往往能够将支付工具、终端、账户、渠道等集合于一体，实现点对点支付，机动性和便捷性很强。

一般而言，一项完整的支付服务要经历几个环节。

1. 发起。说服客户接受支付机构的服务形式，发行支付工具；签订合同协议，包括开设资金账户、确认账户信息、支付信息模式等。

2. 部署。组织整合和技术集成；向客户、消费者提供技术终端或产品，提供接口、软件支持；与支付服务链上的其他参与者如银行，技术检测、认证机构进行接触，签署协议；对雇员进行培训。

3. 谈判。根据服务量或服务金额的大小，选择实时支付、预付，还是延迟支付服务；是否提供信用；折扣的确定、收益的分配等。

4. 支付。支付交易的确认；支付交易授权；信息和资金转移等。

5. 支付后服务。包括清算；记账，账单提供，发票传递；查询查复；维护交易信息档案；如果交易撤回，还需提供取消交易的服务。

支付方式尤其是支付工具的创新和发展，动力来自降低交易成本，克服交易双方或多方在空间上的隔离、时间上的不一致、偏好上的个性化等，因而会产生即时支付、预付和延迟支付等支付方式，也会就现场支付、远程支付等空间维度上的支付方式作出创新和变革。

2.2 支付工具

2.2.1 支付工具（货币）的发行与流通

支付工具是实现货币债权转移的钥匙。市场经济依赖支付工具为企业和消费者在产品、服务市场上提供交易便利，支付工具也有助于通过金融市场把国内的和国际的储蓄转移到生产和投资领域。因此，建立在价值基础上，人们对支付工具的需求等于对所有其他物品、服务、资产以及经济中交易的其他金融工具的需求之和。与此同时，支付服务的成本也是可观的。据估计（Diana Hancock，David B. Humphrey，1998）[1]，消费者购买支出中有超过 5% 的价值为支付成本，而一个国家支付体系的总成本可能要占到其 GDP 名义价值的 3%[2]，其中一部分是政府发行通货的铸币税。在货币经济中，任何物品的买者和卖者不仅需要就交易的物品或服务的数量和价格达成一致，而且必须就交易中使用的支付方式取得一致。个人或企业使用何种具体的支付工具或支付机制，取决于其所面临的特定交易环境中的障碍或摩擦，使用者要进行支付成本、效率、收益以及风险方面的比较。

一般而言，现金由中央银行提供，政府同时获得了铸币税。银行体系中的非现金支付一般由银行系统使用交易账户中的活期存款（私人性负债）和信用额度来提供，可用于非银行类交易者之间、非银行类主体与银行之间，以及银行同业之间的支付。现金支付与非现金支付在竞争性的市场中同时并存，呈现出不同的成本、效率与风险特征，有的支付工具相互之间是替代关系，另外一些支付工具或支付方式之间则是互补关系。但几乎所有的非现金支付方式都具有网络经济、外部性、规模经济、联合生产等特性。

为何多种形式的支付工具会同时并存？在新的支付工具或支付方式不断出

---

① Diana Hancock and David B. Humphrey：Payment Transactions, Instruments, and Systems：A Survey，*Journal of Banking&Finance* 21（1998）：1573 – 1621.

② 同①。

现的情况下，为何在有的国家一些传统支付工具被取代而在另外一些国家没被取代？为何有的国家对使用某种支付工具具有特殊的偏好？国外有关这方面的理论研究和实证分析分为两大类（David Bounie，Abel Francis，2006）[①]。

第一类试图分析某些特殊效用对支付工具使用的影响，如社会—人口统计特性和技术因素在形成使用电子支付工具的习性方面所起的作用。Mantel（2000）运用美国的监测数据建立了一个分析框架，试图说明消费者用电子形式付账的原因。分析结果表明：财富、个人偏好和某些人口统计特性（年龄、受教育水平、性别等）对选择电子形式的支付具有突出影响。Stavins（2001）运用来自对美国家庭的监测数据，估计了消费者特征对使用不同电子支付方式的可能性具有的影响作用。其结果表明，消费者的人口特性对支付工具的使用具有很强的影响作用。另外一些研究（如 Hayashi 和 Klee，2003）则得出结论认为，交易金额和销售点的物理特性（如相关设备和服务）决定人们选择何种形式的支付工具。Humphrey，Kim 和 Vale（2001）建立了支付选择（现金、借记卡和支票）模型，估计某种支付工具自身价格弹性、其他工具的服务价格弹性和支付替代弹性。利用挪威 1989—1995 年的数据估计的结果，消费者是价格敏感的。他们得出的结论是一笔电子支付的成本只有一笔纸基支付（支票或纸基账单支付）成本的 $1/3 \sim 1/2$，推广电子支付工具能带来很大的社会效益。

第二类研究集中在试图确定一个对替代性支付工具的使用产生影响的整体因素集。运用 14 个发达国家 1987—1993 年的支付总体数据，Humphrey，Pulley 和 Vesala（1996）研究了影响五类纸基和电子支付工具使用的经济性和机制性因素。研究的变量是多种多样的。包括价格与收入、设备、支付便利性（POS、ATM）以及机制性变量，如犯罪率、银行业集中度等。计量分析的结果显示，支付工具自身价格影响很小，POS 和 ATM 的便利性具有正的影响效应。Carow 和 Staten（1999）的研究则表明，消费者如果受教育程度不高，或收入水平不高，倾向于使用现金。

现代意义上的支付工具应当以银行制度的产生为标志。银行制度创新带来的重要成果是用于记录客户存取款情况的簿记账户；以银行信用为支撑的银行

[①] David Bounie and Abel Francois：Cash，Check or Bank Card？The Effects of Transaction Characteristics on the Use of Payment Instruments，from Working Papers in Economics and Social Sciences，March 2006.

券；银行间的清算制度。中央银行制度诞生以后，国家信用取代私人银行信用，使中央银行券成为全社会的标准化货币形式，货币计量单位也标准化了。并且中央银行和其他的银行业金融机构共同构筑了货币的发行回笼渠道。"银行存款"作为一种概念化的簿记形式，导致货币的计量与实物的分离，也使全社会形成了现金和银行存款两种最基本的货币形式。这些因素为非现金支付工具、支付系统、支付服务主体的发展提供了制度的、信用的和金融的基础。

现钞作为基本的支付工具，之所以能在很短时间内普及到全社会，是法令和国家信用使然。而非现金支付工具的发展和应用则主要受前述几种因素的影响。非现金支付工具或支付方式的共同特征是用于发出或接收支付指令，支付工具本身不具有内在价值。使用者通过支付工具与银行存款之间建立特定的联系（如存款账户代码、存款人姓名、账户密码等），发出转移存款、存取现等指令，实现货币的流通。非现金支付工具的使用、创新、推广与普及取决于工具的使用能否提高支付的效率和便利性、保持或增加收益、降低成本、保证存款货币及其转移过程的安全。

在支付工具发展的同时，用于传递支付交易信息流和资金流的渠道也在逐渐演化。纸基支付工具如现钞（包括纸币和硬币）、票据的传递主要通过银行业机构发起组织的运钞机构、票据交换组织，使用交通运输工具实行人工运作。这一过程会产生大量的成本、费用和潜在风险；同时，由于空间上的隔离，票据的传递需要一定的时间。这使得票据本身滋生出多种形式，如支票主要在同城范围内使用，异地支付则使用汇票、汇兑等方式。支付服务提供者为降低成本，提高效率，增强抵御支付风险的能力，就必须引入新技术改善信息处理、通信，甚至城市之间的交通以利于支付指令和支付工具的传递与转移。在支付交易设施之间还需要实现互联互通，而这又需要建立全国范围的统一的清算和结算网络系统；需要修改法律，为基础设施网络的组织运行、治理提供保障。由此可见，支付工具的发展是经济的、金融的、技术的、环境的和社会的因素综合作用和推动的结果。

2.2.2　影响支付工具需求的主要因素

在分析对支付工具需求的影响因素时，首先需要明确的是各种非现金支付工具所转移的资金的特征。借记卡、支票支付所转移的资金是现有存款，在方便性和成本方面有优势；信用卡支付则是将未来收入或储蓄用于现时消费，有利于使跨时消费变得平滑；储值卡是用过去的收入或资产进行现时消费或匿名交易。基于不同支付工具的特征，消费者对支付工具的选择需要特别考虑以下因素：消费者必须就当前和未来的收入与财富用于当前的和未来的消费之间进行合理分配作出决策，从而使消费工具的选择变成更高层次的资产分配决策的一部分。因为消费—储蓄决策在很大程度上依赖于消费者的资产组合回报率。如果用借入的资金进行消费，意味着要承担利息成本。如果用过去的资金进行现时消费，意味着资金占用；如果用现有财产进行及时消费，需要考虑储蓄减少的成本。

如果把支付工具的使用看作是一种特殊形式的消费，则支付工具必然给使用者同时带来效用和成本。这些效用和成本包括支付工具的可获得性、选择性和便利性；相关支付工具的相对收益、使用成本和风险方面的信息；同类支付工具的竞争性交易网络之间的联通性；较低的法律风险和较高的信息安全程度。影响消费者选择支付工具意愿的因素还包括相关产品的其他重要特征：如差错处理、服务水平承诺、客户服务、保密性能等。明确了支付工具的选择特征，就可进一步分析影响支付工具需求的主要因素。

1. 经济增长与收入稳定性。经济的稳定增长使居民收入增加，就业率提高，这使得消费者对未来的预期比较稳定，消费意愿增强。财富效应使家庭预算支出增加，更倾向于使用非现金支付工具（即银行存款账户）进行金额在一定起点之上的消费。

2. 收入分配与社会保障水平。衡量一国收入分配公平性的主要指标是基尼系数。基尼系数高反映收入分配不平等，社会保障水平低，处于低收入水平的大多数消费者倾向于增加储蓄而不是增加消费。低收入人群比例过高制约非现金支付工具的普及和非现金消费。从国际经验看，在人均收入水平高、社会保障体系比较完善、中产阶层占多数的国家或地区（如 CPSS 成员），基尼系数低，消费稳定，出于预防动机的现金持有量较低，非现金支付的普及程度也高。

3. 城镇化水平和居民受教育程度。城镇化水平与交通、通信、计算机网络的发展正相关。同时，城镇化水平与居民受教育程度也正相关。城镇化水平越高，居民越容易接受非现金支付方式特别是新型电子支付方式，如贷记转账、直接借记、支票和银行卡、网上支付等，因而非现金支付工具的普及速度快。

由于政府机构、大中型企业、学校、大医院等大多处在城市中，这些机构在发工资、养老金、纳税、缴纳保险费、住房公积金等社会公共支付方面，通过集体性的行动，为个人开立银行卡账户，实行定期贷记或定期借记，大大方便了持卡人。另外，城市中的年轻人、受教育程度较高的人，由于对电子支付容易产生认同感，能够很快接受电子支付方式。收入较高的消费者以及对互联网更为熟悉的消费者，对网络银行的风险评估得较低，采纳互联网支付的概率较高。

4. 公共政策因素。税收政策是居民在现金与非现金支付工具之间作出选择的一个重要影响因素。严厉的税收、较高的税率会促使企业和个人用现金支付，因为现金支付具有匿名性，而非现金支付工具留有交易记录，很难逃避税务、审计部门的监督。一般而言，在税负水平较高的国家，现金的使用也比较活跃，非现金支付工具如借记卡多用于存取现金。现金管理政策对非现金支付代替现金支付的作用相当大。一方面，对大额提现的限制措施能够有效防范资金非法转移用于非法用途；另一方面，限制大额提现有利于银行机构减少现金准备，降低现金管理的成本。许多国家在大额现金管理方面从期限要求、额度要求、手续要求、使用范围等方面制定了相应的规则。这些措施在客观上有利于非现金支付工具的使用和推广。政府部门特别是中央银行有关推动非现金支付发展的政策对于非现金支付工具的发展具有直接重要的影响。例如，进入 21 世纪以来，中国的非现金支付工具发展非常迅速，这与中国政府主管部门（如中国人民银行）实施的相关政策有非常重要的关系。事实上，包括欧盟、美国在内的许多国家和地区，中央银行和相关政府部门对非现金支付工具的发展持大力支持的态度，通过亲自参与或组织建设跨行支付系统，推动新的支付技术的应用，支撑非现金支付工具的使用。

5. 成本、效率与风险因素。对于金额在一定起点之上的支付，使用非现金支付工具显然比现金安全、便利。但不同非现金支付工具的成本与风险差异较大。以信用卡和借记卡为例。从消费者的角度考察，信用卡支付使用的是未来收入，而借记卡使用的是当前收入。持卡人使用信用卡支付必须按贷款利率向银行支付利息，如逾期还款还须承担罚息，并伴随不良的信用记录。另外，单纯使用信用卡在还款方面不是很便利，且信用卡收取年费。相比之下，消费者使用借记卡支付所损失的只是活期存款账户利息，比信用卡支付的利息成本低得多；借记卡不存在信用记录问题，也不会产生透支，道德风险低。从银行的角度看，信用卡消费存在违约（信用）风险；而借记卡支付可以立即到账，银行不需要承担风险。十国集团成员国（地区）的非现金支付工具的发展趋势是，在 2000—2004 年的 5 年中，支票交易金额增长率呈现负值，借记卡（不含延迟借记卡）交易额年均增长 20%，信用卡为 7.4%。销售点终端机具（POS）年均增长 9.9%（来自 CPSS 统计资料，2005）。这表明，借记卡在成本、效率与风险方面具有明显优势。

6. 支付习惯。支付习惯对支付工具的需求也具有非常重要的影响。社会制度本身作为一个体系，包含了正规制约和非正规制约。正规制约包括法律、强制性规范约束等各种规则，非正规制约则由习俗、文化、传统等构成。非正规制约潜移默化地影响人类的行为方式，影响对正规制度约束的"产出"。正规约束与非正规约束之间如果反差太大，则很难达到预期目的。在支付服务领域，由于支付习惯和传统的影响，一国推广使用非现金支付工具的成功经验和案例，不一定在别的国家同样适用。因此，在非现金支付工具的推广使用过程中，无论市场行为还是政府行为，都应充分考虑既有历史文化传统这一要素，避免盲目投资。

2.2.3 影响支付工具供给的主要因素

在支付工具的供给方面，首先，服务提供者最为关心的是如何提高支付服务的效率与安全性，降低支付服务成本。不同支付服务的提供对银行资产负债表的影响是不同的。支票、借记卡和多数电子支付方式对应于银行存款，而信用卡的使用增加了银行信贷。如前所述，信用卡能够增加银行的利息收益，同时也加大了违约风险。影响非现金支付工具供给的主要因素有以下三种。

1. 技术进步。技术进步对支付的影响主要反映在两个方面：一方面是纸基支付向电子支付的转变，另一方面是从银行营业场所向 ATM、互联网的转变。如果电子支付全部取代纸基支付，则节约的成本可以高达 GDP 的 1%。Humphrey，Willesson，Bergendahl 和 Lindblom 等人运用欧洲 12 个国家的相关数据进行的研究[1]证明了这一点。但纸基支付方式向电子支付的转变过程需要相关支付工

---

① Journal of Banking & Finance 30（2006）1605 – 1612, Editorial：Frontiers in payment and settlement systems：Introduction.

具和服务的提供者在相当长的时期内投入大量的生产要素，建设相应的网络，在新工具中嵌入新技术，建立全新的管理和内控制度，进行各种形式的宣传，开展培训以及试用等。在新技术扩散的速度和范围方面，不同银行的客户采纳新技术以获取银行业服务的速度不同，对新技术的偏好也不同，客户主要关注的是采纳新技术会给他们自身带来多少新增的效用、成本和风险溢价。如果银行引入新的支付方式，如电话银行和网络银行业务，银行最关心在多长时间内有多少客户采用其新技术。所有这些牵涉到技术创新与网络外部性、规模经济和范围经济等深层问题。毋庸置疑的是，在长期内，技术创新所带来的网络外部性和规模经济确实能够降低支付服务提供者的营运成本，提高服务效率。Kjersti - Gro Lindquist（2002）就支付服务领域引入新技术对银行中介作用的影响进行了实证分析，利用挪威银行业 1987—1999 年的相关统计数据进行的回归分析表明，随着电子支付份额的提高，银行中介服务的平均成本下降，与存款相关的规模弹性提高。现代信息业的大发展，尤其是通信基础设施、互联网、物联网、智能设备、社交平台、搜索引擎的大发展，为支付体系的变革，支付服务普惠化提供了重要的物质技术基础。

2. 业务创新。银行营业场所向 ATM、互联网的转移是网络银行业务发展的主要组织形式。扁平化管理、机构撤并、跨境经营以及提供在线银行服务正是银行业创新的结果。银行通过网上业务提供更加丰富的支付结算与理财服务，提高中间业务收入，以客户为中心的服务理念成为一种发展趋势。银行业务的这种发展趋势与电子支付方式的发展呈强相关关系。首先，电子化的银行业务总是以电子支付方式为支撑的。银行与客户之间的往来通过电子终端（ATM、POS、电脑或移动终端）进行，存、贷、汇款通过电子支付指令实现。其次，银行为吸引客户，增强竞争能力，不断推出支付工具组合服务，通过推销支付工具增加存款。例如，许多银行将借记卡和信用卡服务联结在一起，客户如果既申请了借记卡又申请了贷记卡，则该客户在使用信用卡消费后，可通过设置自动转账业务在还款期内将借记卡上的资金自动转入信用卡。与此同时，银行将其他服务如航空旅程积分消费与信用卡消费服务捆绑在一起。其重要意义在于：一方面方便了客户，节省了时间成本，保证了信用；另一方面提高了银行的服务质量和竞争能力，降低了信用卡业务风险，其结果是更多的客户愿意接受该银行的服务。

3. 支付服务的专业化与市场细分。在电子支付方式出现之前,纸基支付工具和支付服务由银行提供,如现金的发行与回笼、支票的交换服务等。由网络信息技术带动的电子支付方式的发展,使传统的支付服务主体突破了由银行业垄断的格局,出现了大量的第三方支付清算服务组织,提供银行间或银行与客户间的支付信息流的传递业务,如银行卡信息转接服务组织、移动支付服务组织、网上支付服务组织。这些组织的出现和发展是电子商务与电子支付技术相融合的产物,反映了信息社会、网络经济和电子商务发展的客观需要,更是支付服务市场专业化和市场细分的结果。这些私人性的支付服务组织在提供延伸服务的过程中,通过竞争形成了独特的支付服务市场,促进了非现金支付工具的普及、推广和产业化发展。

2.2.4 对支付工具的需求与供给均产生重要影响的因素

1. 信用体系的发达程度。信用体系是市场经济发展的基石。现金由中央银行发行,拥有国家信用。只有在发生严重经济金融危机和政治危机时,现金的信用才受到冲击。因此,现金在所有支付工具中信用度最高,其信用仅次于实物。然而,现金的信用也常因伪造而大受影响。伪钞的大量涌现和在市场上的流通会降低现金的信用度,扰乱经济社会秩序。非现金支付工具(多功能储值卡除外)一般由商业银行发行,以银行存款为基础,依托的是银行信用。与现金相比,非现金支付工具的信用度主要和银行体系的稳健性有关。在经济金融稳定、不发生严重的银行危机的时期,支付体系发展迅速,非现金支付工具能够得到广泛运用。在中国信用体系不发达的环境下,网络电子商务需要信用担保,货到付款的支付方式得以广泛应用。

2. 社会治安状况。社会治安状况也是影响非现金支付工具使用的重要因素。现金作为交易媒介,具有不记名的特点,权利和实物融于一体,具有最大的无因性。非现金支付工具只是交易媒介的载体,其持有者并不能当然地支配其所对应的银行账户资金,必须借助密码、密押、签名、数字证书、指纹识别等认证技术。现金与非现金支付工具之间的这些关键性区别,导致二者在安全方面的重大差异。如果现金遗失或被盗窃、抢劫,可被任意使用,无踪迹、不留痕。相比之下,若非现金支付工具被遗失、盗窃或抢劫,必须有相应的密码、密押、签名、数字证书等的配合,方可被持有者使用,而且在银行会留下记录,可以追踪。因此,在总体上,持有非现金支付工具比现金安全,现金犯罪率的高低与现金使用的多少呈负相关性，与非现金支付工具使用的多少呈正相关性。

3. 基础设施与地理环境。与现金支付相配套的基础设施较为单一，主要是防伪技术和印制技术的完善和提高。与非现金支付相配套的基础设施很复杂，包括全面广泛的电子账户系统，丰富多样的工具体系，快速的支付指令传递、计算、轧差、汇总系统，精准的记账和结算系统。基础设施的落后与地理环境的偏远，一般伴随着经济发展的落后和收入水平的低下，非现金支付的需求不多；而且在非现金支付工具的供给方面，由于相关的基础设施不完善，使得建立非现金支付体系的成本和风险加大，非现金支付工具难以企及。而发达地区一般收入水平高、基础设施和地理环境条件好，非现金支付的需求旺盛，供给充足。

2.2.5　不同支付工具之间的比较及特点

2.2.5.1　现金与非现金支付工具比较

现金指贵金属货币、纸质现钞、硬币等，是由银行或政府发行的货币一般等价物。中央银行发行的现钞以某种单位计值，如人民币元、美元等。一国发行的现钞或硬币，由于有政府信用担保，是最一般、最能被普遍接受的交易媒介。现金与非现金支付工具相比较，主要存在三个方面的基本差异。

第一，除预付和赊销外，现金支付是及时的钱货两清，代表了最终的支付；而非现金支付工具从支付指令的发出到资金真正到账（完成结算），一般要经过多个环节，需要一定的时间，这使得非现金支付需要付款人或收款人的信用支持。在纸币本位制中，现金由中央银行发行，对应于中央银行负债；而非现金支付工具大多由商业银行发行和维护，对应于商业银行负债（存款）或信用余额。在大的经济体中，由于通信和信息业发展不平衡，存在于银行业和整个社会中的结算技术参差不齐，现金与信用支付形式并存，担当必要角色。

第二，现金可被立即使用，无须付出信息收集成本；而非现金支付工具的支付（尤其是纸基支付工具）如果付款机构不在本地，则工具的收集或支付信息的传递都需要时间和付出一定的成本。萨金特和华莱士（1989）、普雷斯科特（1987）、汤森（1989）以及 Lacker Schreft（1996）[1] 等对私人债务（即需要耗

---

[1]　Diana Hancock and David B. Humphrey：Payment Transactions，Instruments，and Systems：A Survey，*Journal of Banking&Finance* 21（1998）：1573 - 1621.

费成本的银行票据和信用交易）与对法币的需求共存问题进行了研究。这些多种支付方式模型的共同特性是支票以及其他替代性的支付信用安排具有交易成本，如信息收集、清算和结算等。而持有法币的最大好处是节省了信息收集和处理成本，但持有现金却会付出机会成本、筹币税、流通成本、安全成本等。持有现金典型的机会成本是存款利息或投资收益。但这种成本需要与到 ATM 取现或去银行网点取现的旅行成本以及使用非现金支付工具直接或间接地引起的支出进行比较。

第三，现金具有匿名性，而一般的非现金支付工具需要依托银行账户完成交易，具有信息和信用记录功能。现金不具有个人特殊标记、无法追索交易历史，在实现财富占有的同时能掩盖交易痕迹，使得社会成员产生多种针对现金的违法动机，如抢劫、偷窃、偷漏税、造假币、地下交易、洗钱等。非现金支付工具的推广使用不仅可以减少货币发行成本、流通成本和持有成本，而且在很大程度上能抑制上述犯罪动机和行为。

表 2-1 列出了 CPSS 部分成员流通中现金在狭义货币中占比变化趋势。可以看出，现金作为一种法定货币和传统的支付工具，在支付领域仍具有一定的优势，但其优势在逐步降低。

表 2-1　　　　CPSS 部分成员流通中现金在狭义货币中占比变化趋势　　　单位：%

年份	2004	2005	2006	2007	2008
加拿大	13.6	13.3	12.7	12.3	11.6
中国香港	37.1	44.9	42.4	37.7	37.8
日本	17.5	16.9	17.0	17.2	17.4
新加坡	34.2	34.6	32.4	28.8	27.4
瑞典	11.6	10.2	9.2	8.5	8.0
瑞士	15.3	15.1	16.4	17.3	15.8
英国	4.7	4.6	4.5	4.4	4.4
美国	53.9	56.8	59.1	59.8	54.8
欧元区	17.5	16.7	17.2	17.9	19.5
CPSS 成员	21.4	21.2	21.0	20.5	21.2

数据来源：CPSS：Statistics on the payment and settlement systems in selected countries, Figures for 2000 - 2008, www. bis. org.

从绝对量看，各国流通中现金占狭义货币的比重总体上比较稳定。现金更适合于小额零星支付，而非现金支付更适合于大额交易。Diana Hancock 和 David B. Humphrey（1997）对美国、欧洲和日本的 5 类支付工具的单笔交易金额进行的比较结果表明，使用现金进行的单笔交易金额为 5～25 美元；借记卡为 44～165 美元，支票为 1147～79754 美元，行内汇兑金额为 3820～14423 美元，而大额支付系统每笔交易达 420 万～9300 万美元[①]。由于大额支付量在增长，导致可转账存款增加；但现金与 GDP 之比是比较稳定的，CPSS 成员的这一比值平均处于 7%～9%[②]。

2.2.5.2　纸基支付工具与电子支付工具成本效率比较

非现金支付工具又可分为纸基支付工具和电子支付工具两大类。传统的纸基支付工具主要是票据，由支票、汇票和本票等构成。典型的电子支付工具有银行卡、储值卡（电子钱包）、嵌入电脑、移动终端、可穿戴设备的支付工具支付等。近年来，在大多数发达国家和地区，电子支付工具无论交易规模还是交易金额都达到或超过了纸基支付工具。传统的纸基支付工具如支票的处理方式也在向电子化方向发展，票据影像技术和电子票据的引入提高了票据处理效率，节约了成本，打破了票据使用的地域限制。

不同非现金支付工具在传导支付信息的内容和方式方面存在着差异。比如，在纸基支付工具中，直接贷记支付指令是银行向债权人传达债务人的购买资金已分配给债权人账户的信息，而银行汇票和支票等无承兑的支付工具不传达这类信息，它只是使卖方把买方的付款义务信息传递给买方开户银行。这些信息特征对支付方式的替代具有重要影响。支票比银行汇票更灵活，它能使支票使用者签发被广泛接受的资金转移权，而不需要停下来等待授权。但这种灵活性也带来了时间上的延迟，使卖方面临信用风险，相比之下，银行汇票不存在这个问题。

纸基支付处理过程依赖人力、机械处理设备、建筑以及地面的或空中的运输网络。电子支付处理过程则主要依赖计算机设备、通信网络以及 ATM、POS 等终端设备。纸基支付处理系统起初经历了很长时间才达到明显的规模经济效

---

① Diana Hancock and David B. Humphrey：Payment Transactions, Instruments, and Systems：A Survey, *Journal of Banking&Finance* 21（1998）：1573 – 1621.

② CPSS：Statistics on the payment and settlement systems in selected countries, Figures for 2004 – 2005, www. bis. org.

益。但由于纸基支付主要依赖机械设备和地面的或空中的运输网络，从而对交换点的空间分布很敏感，导致这类经济的规模效益下降。Bauer 和 Ferrier（1996）通过对美国支票业务的研究得出的结论是：总体上，支票处理规模每增长 10%，总的生产成本就增加 9.7%。Humphrey（1981a）、Bauer 和 Hancock（1993）以及 Bauer 和 Ferrier（1996）分别对美国支票处理的成本结构进行了实证分析，利用美联储拥有的支票处理系统 20 世纪 70 年代至 90 年代的运行数据，得出基本一致的结论，即跨行支票处理过程的平均成本曲线呈 L 状，处理规模较低时的规模经济随着规模的扩大而成为单位固定成本，当处理规模非常大时则出现了较轻的规模不经济①。

电子支付处理系统属于资本密集型，其启动成本很高。当受理的业务规模较低时，单位处理成本高于纸基支付系统的相应成本。电子支付系统的规模经济取决于集中化程度，而电子支付的集中化程度又依赖于通信链路和计算机处理的相对成本和规模经济。随着通信成本的下降，电子支付处理的集中化会变得越来越经济有效，规模经济效应也会相应提高。

非现金支付工具的使用必须以网络为依托。网络的大小主要用网络服务节点数量来衡量。平均的支票运输成本与服务端点数的对数呈 U 字形关系。因此，人工进行的支票交换的最佳网点数对应于一个最低的平均运输（包括人工）成本。电子支付的端点数也影响电子资金转账系统的成本。加入电子支付系统的银行最初要有额外的硬件和软件投入，但随着网络规模的扩大，电子支付的网络效率会大大高于纸基支付。

图 2 - 2 是纸基支付与电子支付的规模效益比较。ace 为电子支付的平均成本；acc 为支票处理平均成本，ss、s^1s^1 为支付处理的供给曲线，S 表示支付业务的处理规模，C 为处理成本，TCC 为支票处理的总成本，TCE 为电子支付系统处理总成本。该图的含义十分明显：电子支付一旦达到规模经济，要比纸基支付效率更高，成本更低。

新技术的应用在降低支付服务成本的同时，也在促进纸基支付向电子支付的转化。对技术变化的影响估计主要是通过确定支付服务的成本函数随时间向

---

① Diana Hancock and David B. Humphrey: Payment Transactions, Instruments, and Systems: A Survey, *Journal of Banking&Finance* 21（1998）: 1573 - 1621.

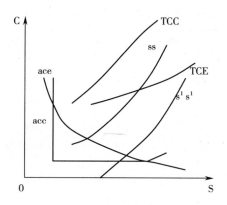

图 2 - 2　纸基支付系统与电子支付系统的规模效益比较

下的程度来衡量。支票的处理技术经过了完全人工跑票、人工清点和交换，到使用票据清分机，再到支票支付信息的电子化提交。目前，已有不少国家和地区采用了票据影像截留技术进行支票交换。中国于 2007 年建成并运行了全国支票影像交换系统，运用票据影像截留技术实现了支票在全国的流通。电子支付工具或电子支付形式由于通信技术的发展和大容量、高速度计算机的运用，处理成本大大下降。根据 Bauer 和 Hancock（1995）、Bauer 和 Ferrier（1996）进行的实证分析，1989 年以来，技术变化对美国 ACH（自动清算所）资金转移成本的影响达到每年降低约 10%，而美国联邦资金转账系统（Fedwire）自 20 世纪 90 年代中期投入运行以来，新技术的投入使其服务成本每年下降 8%[1]。

表 2 - 2 表明，尽管各国从纸基支付向电子支付转变的力度和速度不同，但是，由于电子支付的成本优势、规模经济等原因，从长期来看，从纸基支付为主向以电子支付为主的转变是大趋势。

总之，规模经济、网络效应、技术改进都使得纸基和电子支付的服务水平和成本发生了改变，成本函数的下降也导致支付服务的供给函数曲线右移。同时，电子支付与纸基支付相比，前者的成本和效率变化明显高于后者。

①　Diana Hancock and David B. Humphrey：Payment Transactions, Instruments, and Systems：A Survey, *Journal of Banking&Finance* 21（1998）：1573 - 1621.

表 2 - 2　　　　　部分 CPSS 成员电子支付占非现金支付比重　　　　　单位：%

年份	2004		2005		2006		2007		2008	
国家	笔数	金额	笔数	金额	笔数	金额	笔数	金额	笔数	金额
比利时	98.9	97.5	99.2	98.1	99.3	98.3	99.5	98.5	99.6	99.0
加拿大	81.2	61.8	82.8	63.2	84.2	65.0	85.5	66.6	87.0	68.1
法国	70.3	98.1	72.5	87.5	74.4	89.8	76.5	90.3	78.1	91.1
德国	99.2	98.3	99.3	98.5	99.4	98.3	99.5	99.4	99.6	99.4
意大利	84.3	82.7	86.8	85.3	87.4	85.9	88.7	87.4	89.9	88.8
日本	96.5	79.5	96.6	81.8	97.8	84.2	98.5	86.0	nav	nav
荷兰	100	100	0	0	0	0	0	0	0	0
新加坡	95.4	25.8	95.5	26.5	95.8	26.8	95.7	23.7	96.2	29.3
瑞典	99.7	99.8		99.4		99.5		99.5		
瑞士	83.8	97.8	99.8	100	99.9	100	99.9	100	99.9	100
英国	58.8	40	86.1	97.9	87.7	98.2	89.3	98.5	90.8	98.2
美国	71.3	28.8	63.0	42.5	67.4	44.9	71.4	47.6	74.0	48.6
CPSS	98.9	97.5	73.3	83.5	77.5	85.0	79.9	88.5	81.0	86.5

数据来源：CPSS：Statistics on payment and settlement systems in selected countries, figures for 2008。纸基支付只计算了支票，电子支付计算了银行卡、贷记转账和直接借记。可能实践中某些国家的贷记转账和直接借记结算方式中也是采用纸基形式，因此，该表是大体估计。

2.2.6　主要的非现金支付工具演化特点

支票、银行卡、直接转账是近现代非现金支付的主要支付工具或支付方式，无论其交易笔数还是交易金额，均占据非现金支付工具业务量的90%以上，对社会经济活动具有重要影响。这三种非现金支付工具的演化趋势验证了上述分析。

2.2.6.1　支票的相对重要性明显下降

在20世纪50年代信用卡诞生之前，票据一直是最主要的非现金支付工具。票据具有两个基本的功能，即支付与信用功能，从信用功能又衍生出融资功能。支付功能主要克服现金支付在时间上的摩擦和空间上的障碍，而信用与融资功能使生产、投资、储蓄、消费等基本经济活动对资金的支配变得比较平滑、更有计划性。在票据的三大类型中，支票主要体现支付功能，分为现金支票和转账支票；本票主要体现信用功能，由银行本票和商业本票构成；而汇票则是兼具支付功能与信用功能，分银行汇票和商业汇票两种。商业汇票按承兑主体不同又分为银行承兑汇票和商业承兑汇票。由于不同类型的票据在性质与功能等方面存在差异，在不同的国家、不同的历史时期呈现不同的发展路径，但支票的使用最为广泛，在各个国家票据交易中的占比都很大。

表 2 - 3　　　　CPSS 成员国支票支付占非现金支付比重　　单位：百万笔、%

年份	2004		2005		2006		2007		2008	
国家	笔数	占比	笔数	占比	笔数	占比	笔数	占比	笔数	占比
比利时	19.1	1.1	15.7	0.8	13.4	0.7	10.6	0.5	8.8	0.4
加拿大	1377.6	18.8	1353.4	17.2	1325.4	15.8	1283.4	14.5	1214.9	13.0
法国	4133.8	29.7	3916.3	27.5	3827.0	25.6	3650.4	23.6	3487.4	21.9
德国	112.7	0.8	107.5	0.7	108.9	0.6	73.9	0.5	65.2	0.4
意大利	487.2	15.7	465.6	13.2	453.8	12.6	426.4	11.3	384.9	10.1
日本	159.2	3.5	146.5	3.2	134.2	2.2	123.6	1.5	112.0	nav
荷兰	0	0	0	0	0	0	0	0	0	0
新加坡	86.8	4.6	85.7	4.5	84.3	4.2	85.8	4.3	83.5	3.8
瑞士	2.7	0.3	1.8	0.2	1.5	0.1	1.3	0.1	1.0	0.08
英国	2089	16.2	1931	13.9	1778	12.3	1600	10.7	1403	9.2
美国	3430	41.2	32704	37.0	30521	32.6	28248	28.6	26639	26.0
CPSS	43298	28.7	40728	26.7	38248	22.5	35504	20.1	33401	19.0

数据来源：CPSS：Statistics on payment and settlement systems in selected countries，figures for 2008。

与其他票据相比，支票具有以下几方面的优势：一是支票具有多向性。企业与企业、企业与个人，甚至个人与个人之间都可使用支票进行支付。二是信用形式比较简单，易于把握。付款人签发支票给收款人，只要前者在银行的存款账户（有的国家专设支票账户）有足额资金，支付就有保障。三是具有很强的便利性和灵活性。支票除可用于销售点终端（POS）支付外，还特别适用于非销售点（non - POS）支付，方便邮寄，方便携带。支票使用不受金额限制，既可支付零售项目，也适用于大额买卖。四是成本低廉。对于一些大额消费或支付项目，如房屋、汽车交易，商户普遍乐意接受支票；对付款人而言，签发支票一般无须支付使用费。这些特点使得支票在很长时间内在许多国家的非现金支付中占据主导地位。例如，在 1988 年，美国、加拿大、法国、英国、意大利五国支票交易占非现金支付交易总规模的比重分别达到 84.2%、70.9%、

62.6%、54.7%和49.2%①。但在近年来，随着网络信息技术的迅速发展，消费者对支付便利的需求日增，促使了银行卡等电子支付工具的发展，对支票产生了很强的替代作用（见表2-3和表2-4）。

表2-4　　　　　　　CPSS成员国支票交易额及占非现金支付的比重

单位：10亿美元、%

年份	2004		2005		2006		2007		2008	
国家	金额	占比	金额	占比	金额	占比	金额	占比	金额	占比
比利时	101	2.5	85	1.9	75	1.7	86	1.5	74	1.1
加拿大	2690	38.2	3046	36.8	3402	35.0	3727	33.4	3608	31.9
法国	2590	1.9	2702	12.9	2769	10.4	2975	9.9	3028	9.0
德国	696	1.7	642	1.5	756	1.7	603	0.6	597	0.6
意大利	1475	17.3	1442	16.1	1504	15.4	1597	13.3	1599	12.2
日本	5579	20.5	4802	17.7	4109	15.7	3933	14.4	4186	0
荷兰	0	0	0	0	0	0	0	0	0	0
新加坡	248	74.2	269	73.3	322	73.3	447	74.7	446	70.7
瑞士	6	0.2	3	0.1	3	0.1	2	0.1	2	0.1
英国	3260	2.2	3056	2.0	3103	1.8	3300	1.5	2755	1.8
美国	41568	60.0	41746	57.5	41600	55.1	40946	52.4	40919	51.4
CPSS	58221	71.2	57801	69.6	57650	67.9	57626	58.5	57224	57.6

数据来源：CPSS：Statistics on payment and settlement systems in selected countries, figures for 2008。

从整个CPSS国家的情况看，支票的使用量无论绝对量还是相对量都呈稳步下降趋势。其中交易笔数占非现金支付交易笔数的比率由2004年的28.7%下降为2008年的19%，年均降低2.6个百分点；交易金额占比由2004年的71.2%下降为2008年的57.6%，年均降低3.4个百分点。不过，在一些支票使用具有悠久历史的国家，如美国、新加坡、加拿大等，支票仍居于非现金支付工具的重要地位。近年来，美国、法国、墨西哥、卡塔尔、新加坡、中国香港等国家和地区都采用了支票影像截留技术，建立了支票影像交换系统。中国、约旦、斯里兰卡、印度、沙特阿拉伯、利比亚、阿尔及利亚、阿联酋、不丹、马来西亚、加纳也已经实施。支票影像截留及电子信息传递可以完全消除传统支票受

---

① 数据来源：BIS：Statistics on payment systems in eleven developed countries, figure for end - 1988。

地域距离限制的难题，缩短清算时间，提高结算效率，降低银行成本。

2.2.6.2 银行卡已成为个人使用最频繁的非现金支付工具

银行卡一般包括信用卡和借记卡（虽然有些信用卡不是由银行而是由信用卡公司发行，为简便起见，这里仍把信用卡和借记卡统称为银行卡）。与其他支付工具相比，银行卡具有非常独特的性质。就消费者而言，银行卡比现金和支票付款便利。使用银行卡支付，免除了携带现金的成本，免除了支票被拒收或退回的风险。信用卡的使用一般不受地域的限制，可为本地、异地、本土、异国等众多商户所接受。特别是随着专业化的银行卡支付清算服务网络①的发展，银行卡的发卡、收单等标准化步伐加快，越来越多的商户接受银行卡消费，使持卡消费更加方便。银行卡的另一个重要特点是可以节约持卡人的时间。对不同支付方式人们所花费的时间，各种研究给出了不同的估算。尽管人们对银行卡和现金支付孰快孰慢存在争议，但银行卡支付快于支票支付这一点已经达成了共识。有关研究得出的数据是银行卡要比支票支付快 56 秒（支票支付需 73 秒，而用卡支付仅需 17 秒)②。银行卡的出现增加了向每个人提供支付方式选择的可能性，提供了更多能节约时间的选择机会。从商户的角度，受理银行卡也带来诸多利益。首先，由于银行卡给客户带来巨大的支付便利，持卡人更愿意光顾接受银行卡支付的商户，使其享有相对销售优势。其次，与支票相比，银行卡通过电子通信手段，容易核实相关信息，授信程序简单快速，同时商户无须承担类似于支票被退回的风险。从银行的角度，银行卡是一项业务空间广阔、潜力很大的金融服务。发卡银行不仅获得刷卡手续费收入、年费等，而且对于吸收存款、扩大个人信贷，拓宽销售渠道、提高银行自身的竞争能力都能起到积极促进的作用。

以信用卡为例。信用卡持有人可根据自己的财务状况，每月付清欠款而无须付息，也可以每月支付最低还款额对未付欠款余额支付利息，即使是每月付清欠款，也可获得 30 ~ 60 天的免息期。这就给了消费者极大的弹性和自主性。对于有融资需求的消费者而言，可以在信用额度内随时通过信用卡透支借款，

---

① 比较著名的有美国的 VISA、MASTER、DISCOVER、EXPRESS 等银行卡支付服务组织及其运行的网络；中国银联的银行卡跨行支付系统及相关跨行支付服务发展也非常迅速。

② David S. Evans, Richard Schmalensee：《Paying with Plastic——The Digital Revolution in Buying and Borrowing》中译本，中国金融出版社，2006。

无须为每笔借贷去银行申请，大大简化了贷款手续。信用卡还可节约支票账户的账户余额，降低消费者机会成本。由于信用卡对暂时无支付能力但有消费需求的消费者提供了即时融资，使消费者的购买需求能够跨期实现，从而促进了商户的销售。信用卡能给发卡行带来利息收入、超额透支费、预借现金费等。

表2-5 CPSS部分成员国卡基支付占非现金支付笔数比重变化情况 单位：%

年份	2000	2001	2002	2003	2004	2005	2006	2007	2008
比利时	35.8	36.4	37.0	39.0	39.5	44.4	45.2	45.3	46.1
加拿大	54.8	56.7	59.2	60.7	62.4	63.9	65.1	65.8	67.4
法国	27.8	30.0	31.0	32.0	33.4	37.3	38.0	40.2	41.7
德国	11.8	13.2	15.3	14.9	15.1	15.2	14.4	13.7	14.4
意大利	32.8	27.3	32.1	33.7	35.6	38.1	38.8	40.5	42.3
荷兰	29.3	31.9	32.7	33.5	34.7	40.3	40.6	41.9	43.1
瑞典	26.7	31.8	51.4	58.1	59.3	56.5	55.8	56.8	59.3
瑞士	29.7	34.1	34.8	35.1	35.5	38.3	38.8	39.7	41.0
英国	36.6	39.0	41.2	42.9	43.7	45.1	46.6	48.4	49.8
美国	33.5	36.6	40.0	42.9	45.9	48.6	51.7	54.4	56.7
CPSS	32.6	35.2	38.0	39.8	42.0	45.2	47.6	50.1	50.9

数据来源：CPSS：Statistics on payment and settlement systems in selected countries, figures for 2008。

银行卡发展的进程表明，尽管各个国家历史文化传统、支付习惯不同，但银行卡在各国整个支付工具体系中的地位和作用都在不断提升，在许多国家已成为个人使用最为频繁的非现金支付工具。CPSS国家2000—2008年卡基支付（包括银行卡和储值卡）占非现金支付业务量（指交易笔数）的比重增加了18.3个百分点（见表2-5）。其中，借记卡（不含延迟借记卡）的发展速度远快于信用卡的发展速度，借记卡的年均增长速度为20%，信用卡的年均增长速度为7.4%。

2.2.6.3 直接转账是大额支付的主要形式，源于电子资金转账系统的发展

直接转账是指依托付款人和收款人的银行结算账户，在纯粹的会计基础上，通过银行直接借记付款人账户和贷记收款人账户而完成支付的结算方式。根据支付的时间是否具有规律性，直接转账可分为不定时的普通转账和定期转账。根据支付指令发起人的不同，直接转账可分为贷记转账和借记转账，贷记转账由付款人发起，借记转账由收款人发起。目前，各国使用较多的是贷记转账和定期借记转账。定期借记，是指收款人委托其开户银行向付款人开户银行定期

发出收款指令，付款人开户银行根据付款人授权，直接从付款人账户中支付确定的金额给收款人的结算方式，如水费、电费、煤气费、电话费的收取。定期贷记转账，是指付款人根据其与开户银行的约定，向开户银行定期、批量发出付款指令，委托其直接从付款人账户中支付确定的金额给指定收款人的结算方式，如工资、奖金、保险金、养老金、公积金、年金等的发放。

直接转账的最原始形式是汇兑。汇兑形式几乎与银行业同时产生。随着电子资金转账系统（包括商业银行行内系统和跨行支付系统）的建设和发展，汇兑演化为直接转账，效率大大提高，业务飞速发展。表 2 - 6、表 2 - 7 分别列出了2004—2008 年 CPSS 国家直接转账占非现金支付业务笔数和金额的比重变化情况。

表 2 - 6　　　CPSS 成员国直接转账笔数占非现金支付交易总笔数的比率　　单位：%

年份	2004		2005		2006		2007		2008	
国家	贷记转账	直接借记	贷记转账	直接借记	贷记转账	直接借记	贷记转账	直接借记	贷记转账	直接借记
比利时	43.9	11.8	43.2	11.6	42.5	11.7	42.8	11.4	42.2	11.3
加拿大	10.8	8.0	10.9	8.0	11.2	7.9	11.7	8.0	11.6	7.9
法国	18.6	18.2	17.1	17.8	17.7	18.5	17.0	19.0	17.1	19.2
德国	42.2	41.4	42.2	41.9	42.2	42.8	36.8	48.9	35.2	50.0
意大利	33.8	14.6	32.8	14.5	32.6	14.7	32.1	14.9	30.6	16.0
日本	29.2	nav	31.5	*	22.5	*	17.0	*	*	*
荷兰	33.8	28.1	32.5	27.2	32.4	27.0	31.7	26.4	31.1	25.8
新加坡	1.0	2.5	1.1	2.7	1.2	2.7	1.3	2.7	1.4	2.3
瑞典	35.3	8.6	34.9	8.5	34.9	9.2	34.4	8.8	32.3	8.3
瑞士	56.4	5.1	56.5	5.0	56.5	4.5	56.4	3.8	55.4	3.6
英国	19.7	19.7	21.4	19.6	21.2	19.8	21.0	19.9	20.9	20.2
美国	5.9	6.8	6.2	8.1	6.4	9.3	6.5	10.4	6.7	10.7
CPSS	15.0	12.9	15.3	13.7	15.3	14.5	14.1	14.9	14.5	15.8

数据来源：CPSS：Statistics on payment and settlement systems in selected countries, figures for 2008。

直接转账的特点：一是单笔交易金额较大。二是依托的媒介不具有固定性，可以通过纸质清单、磁介质、手机或网络等发起，支付指令发起方式灵活。三是信用风险小。各国通过现代化支付系统处理直接转账支付，其资金基本能够及时到账，特别是通过大额支付系统处理的大额支付业务能够在数秒内到账，实现资金的零在途。四是支付指令发起的当事人与现金、支票和银行卡相比均有很大的差异。使用现金、支票和银行卡进行支付，都是由交易的双方直接接触，完成支付指令从付款人端到收款人端的传递。而使用直接转账进行支付，无论是贷记转账还是借记转账，均由发起方向银行发出支付指令，支付指令发起时无须债务人和债权人直接接触。

表2-7　　　CPSS 国家直接转账金额占非现金支付交易总金额的比率　　　单位：%

年份	2004		2005		2006		2007		2008	
国家	贷记转账	直接借记	贷记转账	直接借记	贷记转账	直接借记	贷记转账	直接借记	贷记转账	直接借记
比利时	94.9	1.5	95.5	1.4	95.6	1.5	96.0	1.4	96.4	1.4
加拿大	54.2	4.2	55.4	4.3	57.3	4.3	58.6	4.5	59.4	4.9
法国	97.2	0.7	80.1	5.4	83.6	4.6	84.0	4.7	84.9	4.6
德国	87.4	10.5	88.5	9.6	87.7	10.1	84.1	15.1	83.9	15.4
意大利	77.3	4.0	78.4	4.0	79.2	3.8	81.4	3.8	82.3	3.9
日本	78.5	nav	81.2	nav	83.2	nav	84.3	nav	nav	nav
荷兰	93.9	4.7	94.6	4.2	94.6	4.2	94.4	4.3	93.7	4.9
新加坡	15.0	6.5	15.5	6.5	15.5	6.3	14.7	5.9	17.1	6.7
瑞典	89.4	3.7	89.7	3.8	89.9	3.9	90.3	3.7	90.0	3.7
瑞士	95.9	2.3	95.8	2.2	96.1	2.0	96.6	1.5	96.6	1.5
英国	96.4	0.9	96.6	1.0	96.9	0.9	97.3	0.8	96.6	1.1
美国	19.9	16.7	21.5	17.3	23.4	17.6	25.1	18.3	26.0	18.2
CPSS	nap	23.6	nap	24.7	nap	25.9	nap	35.4	nap	36.3

数据来源：CPSS：Statistics on payment and settlement systems in selected countries，figures for 2008。

2.3　支付系统的效率与清算结算原理

生产分工的专业化使整个社会的支付活动形成了非常复杂的债权债务关系，而债权债务的结清既可能通过同一家银行进行，也可能是跨行清算后再进行结算。即使在前一种情况下，同一家银行的两个客户如果不在同一个城市，也会由于支付工具的选择而形成支付与结算方面的延迟。这时的清算与结算不仅需要信用关系，而且需要有参与各方共同认可的机制和结算服务机构，以便进行集中结算。20世纪70年代之前，跨行清算与结算通过清算所、票据交换中心以及电子联行系统进行；这一时期的特点是清算与结算不同时完成，一般情况下结算要在清算完成后次日或更晚些时候进行。20 世纪 70 年代之后，大额实时支付系统的出现使清算和结算的效率大大提高，企业间的资金可以在几秒内到账，在途资金大大减少，从而增强了企业对资金的支配能力，这对资金配置效率、金融市场发展、货币政策等都产生了重要而深远的影响。同时，由中央银行运行的大额实时支付系统与由民间机构运行的其他支付系统并存，使得交易者需要在实时支付结算与延迟结算之间权衡利弊，作出选择。

2.3.1　清算结算与机制设计

对清算与结算的研究必须考虑到空间隔离、有限通信所产生的私人信息摩擦，以及时间不一致、偏好不同等因素。正是现实中存在的这些因素的不同作用使得结算往往不能与交易、清算在同一期间内完成。因而支付过程的效率、风险、成本、福利及其对经济的影响成为对清算和结算问题研究的目标。动态一般均衡理论、交叠世代模型、搜寻理论等成为研究这类问题的主要工具。汤森（Townsend，1980，1987，1989）和威廉姆森（Williamson，1992）[①] 认为，空间隔离和有限通信对于理解信用作为支付方式是至关重要的。弗里曼（Free-man，1996）[②] 在研究货币作为交易媒介的作用时，对银行在私人债务的清算方面所起的作用进行了考察。他的一般均衡模型涵盖了支付体系的如下基本特征：第一，有些购买是以信用形式支付的（如信用卡、支票、赊购等）；第二，债务用法币来偿还；第三，当债权人和债务人到达清算市场时，他们并不完全同步，因而就产生了债务二级市场，一部分债务要通过第三方来结清。由于需要法币进行偿付，弗里曼得出的结论是：中央银行通过收购票据暂时增加货币供给，然后再把票据卖出是能够改进福利的。弗里曼的研究具有开创性。

2.3.1.1　清算的必要性：基础模型

首先引入弗里曼建立的一个简单的交叠世代交换模型。假设：（1）存在一个 [0，1] 的无限生存的连续代理人集，其中有两类代理人：债权人和债务人；每个代理人只生存两期：年轻期和老年期。（2）在任何给定区间内，代理人之

---

①　Jeffrey M. Lacker：Clearing, settlement and monetary policy，*Journal of Monetary Economics* 40（1997）：347 - 381.

②　Remarks by Jeffrey M. Lacker：Central Bank Cerdit in the Theory of Money and Payments, at the Economics of Payments Ⅱ Conference, Federal Reserve Bank of New York, March 29, 2006.

间的交易是双边随机匹配的，作为债权人（或债务人），一个代理人与另一个代理人交易发生的概率为 ρ。（3）债权人和债务人最初所持物品是馈赠所得：假设债权人在年轻期 t 得到 y 单位的赠品 m，但在老年期无所得；债务人在年轻期得到 x 单位的物品 n，同样在老年期也无赠予。（4）设 $c_{z(t+1)}^{t}$ 表示世代 t 的债权人消费的物品 z（$\in \{m, n\}$），如果债权人希望在年轻时消费物品 m，而在老年时消费物品 n，效用函数是严格递增的和凹的，则其总效用可以表示为：$u_c(c_{m,t}^{t}, c_{n,t+1}^{t})$，$u'(0) = \infty$，$u'(\infty) = 0$；同时，设 d_{zt}^{t} 表示世代 t 的债务人消费的物品为 z（$\in \{m, n\}$），在 t 期债务人的效用为 $u_d(d_{mt}^{t}, d_{nt}^{t})$，说明债务人希望在年轻时消费物品 m 和 n，u_d 是严格递增且凹的，$u'_d(0) = \infty$，$u'_d(\infty) = 0$。（5）在时期 $t = 1$ 时，存在着连续区间 $[0, 1]$ 上最初的老债权人，这些老债权人每人被赠予 M 个单位可分割的法币。

引入交易的顺序、实施与结算。初始状态的设定表明，消费需要通过借贷来满足，债务的偿还也是有期限的。假定最初阶段，只有年轻债务人和年轻债权人在一起。年轻债务人需要在第一阶段（年轻时）消费物品 m 和 n，债权人在年轻时只消费物品 m，意味着债务人需要向债权人借物品 m。而在第二阶段，老年债务人不消费，老年债权人消费物品 n，因而老年债权人需要从年轻债务人那里借物品 n。这里假定有关代理人的过去交易史的信息是私人信息，代理人也不能保证对未来的行为负责，因为债务人只是年轻时消费而老年时不消费，这可能给债务人留下借出自己的禀赋之前借入需要消费的其他物品，从而产生违约问题的空间。为克服这一困难，必须在每期的最后阶段引入结算机制，并且存在一家外生的实施机构，有权对债务人不能出示偿还证据时进行惩罚。另一个重要的问题是，从交易的时序考察，必须存在对债权人的激励方式以引诱其在消费之前放弃一定数量的禀赋。在不存在公共记录手段的情况下，这一点比较难以做到。或者，年轻债权人放弃一部分物品 m 的前提是必须能够消费某些数量的物品 n 作为回报。但由于缺乏公共记录手段，年轻债权人无法就过去他（们）所放弃的赠品数量进行交流。为克服这一困难，代理人通过签发支票或汇票，或运用其他支付工具，使他们相互间能够正确识别签发人，因为票据具有记录债权人或债务人相关信息的功能。债务人可通过向年轻债权人签发借据交换到需要消费的物品 m，也使得债权人过去所放弃的赠品有相应的凭证。因此，这些可触及的票据就成为必要的支付媒介①。

但与此同时，票据支付也产生出另外一个问题，即并不是所有的代理人都同时进入结算阶段。假设在结算阶段的开始，所有年轻的债权人和一部分年轻债务人（λ）到达，随后，有一部分债权人（α）在其余的（$1-\lambda$）部分债务人到来之前离开了结算实施阶段。代理人并不知道他们到达或离去的确切时间，直到结算阶段到来之前。在这种情形下，债务的偿付可能有两种方式。如果 $\alpha > \lambda$，一部分债权人在得到完全偿付前离开，债务的偿还需要用法币，从而产生了流动性问题。中央银行或私人清算所通过提供足够的货币偿付先行离去的债权人，其后再从晚到的债务人那里赎回同等数量的货币。这是典型的票据贴现，其中提供贴现服务的机构充当至关重要的角色。

根据前面的假设，用法币进行偿付债务时，债权人和债务人之间存在一个使债权人和债务人的预期效用的加权平均值最大的分配方案：

$$\max_{d_m,d_n,c_m,c_n} \left[\mu v(d_m,d_n) + (1-\mu)u(c_m,c_n) \right] \qquad (2-1)$$

约束条件：

$$y \geqslant d_m + c_m, x \geqslant d_n + c_n \qquad (2-2)$$

效用最大化的一阶条件是

$$\frac{v'_m}{v'_n} = \frac{u'_m}{u'_n} \qquad (2-3)$$

符合式（2-3）的资源分配（d_m^*，d_n^*，c_m^*，c_n^*）是帕累托最优的。其中，式（2-1）中的 μ 是债权人福利最大化权重，（$1-\mu$）为债务人福利最大化权重。

2.3.1.2　清算与结算机制设计：模型扩展

以上基础模型揭示了法币和具有权威性的集中结算机构在社会交易支付中的重要性。由于生产、消费、交易在空间上的隔离和时间上的不一致性，支付信息流与资金流不可能完全吻合，从而产生债务二级市场和流动性的约束问题。现实中，私人结算安排与中央银行的公共清算设施共同存在。为保证结算的顺利进行，使支付信息流与资金流相吻合，政策和制度方面的安排起着非常重要

---

① 弗里曼建议这种可触及的物品应当是最初老年债权人得到的可分的法币单位。债权人在结算阶段从债务人那里得到法币。

的作用。Lacker（1996，1997）在扩展弗里曼（1996）的模型并采纳 Lucas（1980）、Diamond 和 Dybvig（1983）所引入的消费者偏好冲击工具（私人信息），以及汤森（1987）所强调的书面支付工具能够跨时跨空间交流信息的论点基础上，建立了一个系统的清算与结算机制。本节将以 Lacker 的模型①为基础，分析支付、清算和结算的机制设计问题。

首先要重新设定经济环境，将代理人的数量扩大，寿命延长，并作出空间隔离限制。为此，将前一节中的模型修改为：假定：（1）经济中有 N 家银行，用 $i=1$，2，…，N 标示。而每家银行有 $N-1$ 个客户，每个客户只在一家银行开立账户，用 $j=1$，2，…，$N-1$ 标示。时间是离散的，用 $t=1$，2…标示。（2）在每期 t 的期初，每家银行的客户以及银行自身都得到一项不能跨期保留的、这家银行特色的物品或资产，这样每期都有 N 件物品。（3）在每期 t，除了银行自身之外，每家银行的每个客户只对其他银行的一个客户的某一件物品或资产有需求，而且来自任一家银行的任意两个客户都不想到同一个其他银行的客户那里取得想要的物品。所以每家银行的每一个客户都会到其他银行的客户那里取得物品用于消费。这实际上是限定了跨行交易模式。（4）每家银行只从它自身的客户所拥有的物品中取得自己想要的物品，因而银行和银行之间不发生实质性的交易。同一家银行的客户之间也不发生交易，这为跨行清算与结算提供了基础。（5）设 c_{ijt} 表示代理人（客户或银行）ij 在时期 t 所消费的物品；而任一代理人在时期 t 所获得的物品在价值上等于一个相同的正常数 y。（6）每个代理人在每个时期经历一个正的偏好冲击 θ_{ijt}，决定代理人的耐心程度；而同一家银行的代理人受到的偏好冲击相同，即 $\theta_{ijt}=\theta_{it}$。代理人获得的效用可表示为：$u(c_{ijt})\theta_{it}$，u 严格递增，严格凹，连续可微，非负且有界；θ 是独立同分布的，并通过严格正的在有限集 Θ 上的分布 μ 得到。此外，还假设偏好冲击的均值为 1：$\int_{\Theta}\theta\mu(d\theta)=1$。

在上述经济环境下，代理人的偏好可由下式表示：

$$E(1-\beta)\sum_{t=1}^{\infty}\beta^{t-1}u(c_{ijt})\theta_{it}$$

---

① Jeffrey M. Lacker：Clearing, settlement and monetary policy, *Journal of Monetary Economics* 40（1997）：347 – 381.

式中，$0 < \beta < 1$，为贴现因子。当 θ 较高时，延迟消费的成本较高，代理人没有耐心，消费是紧迫的；相反，当 θ 较低时，代理人有耐心，愿意延迟消费。

其次要设定交易的顺序和规则。在一个给定的时期，代理人得知他们所需物品的拥有者所在的银行，而每家银行负责将该行客户的物品付给来自其他银行需要该物品的客户。然后，每家银行的 $N-1$ 个客户到其他银行寻找自己的消费品。期间代理人得知自己的偏好冲击 θ_{it}。且代理人分别独立地找到目标银行，顺序是随机的，并且需要在其他代理人到达前离开这家目标银行，这表示代理人之间没有相遇的机会，从而使交易受到顺序服务的限制，这一点也体现了环境的物理特性，并且对支付系统的设计具有至关重要的作用[①]。所有的代理人在期末结算前消费掉自己的物品，这样每个时期末的最后结算阶段，只需要银行代理其所有客户参与结算即可。而中央银行是结算阶段唯一"无私的"代理人。这样做可把结算过程集中在行间进行。按照以上设定，根据大数定律，受到某一给定冲击的银行的数量比例等于受到这一冲击的事前概率；来自每一其他银行并到达目的银行的代理人等于整个经济中购物者的特征分布；除消费偏好不同之外，所有银行都是一样的。

交易是通过票据和存款账户为工具进行的，代理人通过他在母银行持有的存款账户签发票据为所需物品进行支付，在每一期的最后阶段进行清算和结算。而银行到票据清算所提交票据。每期结算结束时账户余额不能是负的，但银行作为一个整体可以借或者贷账户余额。

最后要讨论清算与结算问题。假定一个代理人在时期 t 拥有账户余额 A_t，贷记赠予的存款 y，而借记了签发票据以购买物品的金额 C_t。该代理人的余额将在 $t+1$ 期表示为：$A_{t+1} = (1 + r_t)(A_t + y - C_t)$。这里，代理人的账户负余额或透支情况受到其未来赠品（来账）的转移所带来的偿付能力的制约。代理人面临的借入限制是 $A_t \geqslant -\varphi_t$，其中，φ_t 是当前和未来赠品的贴现价值。代理人在 t 期的消费 $C_t(\theta^t)$ 取决于 $\theta^t = (\theta_1, \theta_2, \cdots, \theta_t)$，即该代理人的偏好冲击史。一个典型的代理人通过选择消费计划使其效用最大化：

$$\text{Max}\left[E(1 - \beta) \sum_{t=1}^{\infty} \beta^{t-1} \theta_t u(C_t) \right] \qquad (2-4)$$

---

① 支付系统中存在支付指令的排队问题，而且队列的结构影响到支付效率，本书将在后面的章节加以论述。

约束条件为：$A_{t+1} = (1+r_t)(A_t + y - C_t)$，$C_t \geq 0$，$A_t \geq \phi_t$，$A_1 = 0$

在一个给定日期 t，经济状态可由最初余额的分布 ψ_t 来描述。ψ_t 是区间 $[-\varphi_t, +\infty)$ 的概率测度。由于单个银行的余额随着时间不同受到偏好冲击的影响，一般而言余额分布随时间变化；但因经济规模本身的限制（短期内经济规模变化较小），单个银行的余额分布以确定的方式变化。所以，整个经济体的均衡由可确定的利率序 $\{r_t\}$，余额分布 $\{\psi_t\}$，消费计划 $\{C_t\}$ 构成，且 $\{\psi_t\}$ 和 $\{C_t\}$ 必须符合式（2-4）及相关约束条件。此外，消费不能超过赠予：

$$\int C_t(\theta^t)\mu^t(d\theta^t) \leq y, \quad \forall t, \mu^t \in \Theta^t \qquad (2-5)$$

i 银行的、偏好冲击史为 θ_i^t 的客户每人签发的票据额是 $c_t(\theta_i^t)$。其他的每个银行带着 i 银行签发的这一数额的票据进入结算过程。银行 i 也具有其他每个银行签发的票据 $c_t(\theta_j^t)$。在结清与其他所有银行的债权债务后，银行 i 的净义务为：$c_t(\theta_i^t) - y$。

2.3.1.3 中央银行作为清算与结算银行的基本作用

银行到达中央结算机构进行跨银行间的清算和结算时，有耐心的银行（θ 值小）迅速积累起正的结算余额，而缺乏耐心的银行（θ 值大）则迅速积累到负余额。在中央结算机构需要有一个承担清算银行职责的银行，为积累正余额和负余额的银行进行债权债务的清算与结算。正余额代表清算银行的债务，负余额代表清算银行的债权或清算银行贷出的透支额，清算银行承担了中央对手方的角色。作为一种替代性的安排，贷款与清算结算也可以分开，清算银行提供账户服务，这时负余额是不允许的，但允许商业银行自由地进行双边的或通过独立的中介借贷账户余额。如果债权债务的结清是双边性的安排，每笔交易的对手方共同出现于清算设施并发出支付指令。这时负余额对应于来自清算设施的透支贷款或商业银行二者之间的双边贷款，这种结算方式属于典型的双边单笔全额结算。另一种办法是票据同时交换后紧接着进行净义务的结算，即净额结算，传统的清算所属于这种模式。随着中央银行制度的产生和准备金制度的确立，央行在整个支付体系中承担了非常重要的清算与结算职能。中央银行的清算设施只充当存款银行职责，中央银行的会计簿记系统面向商业银行开立清算准备金账户，但央行本身不直接发放贷款或预付款，只是在充当清算者的角色时才会发生类似业务。因此，央行的账户余额应当是非负的；商业银行之间独立安排账户之间的借贷。中央银行维持准备金账户只是为提入或提出每家银行的所有票据或结算凭证进行结算。

设 p_t 表示在时期 t 用准备金单位标出的消费品的价格,并假定用于清算目的的准备金不支付利息;政府通过发行无风险债券进行借贷,政府债券与私人贷款形成了竞争关系。在结算期,一家银行提交了价值为 p_ty 的由其他银行签发的票据,其中总价值为 p_tC_t 的票据需要该银行进行支付。在结算期间内有一个固定的清算时间段,中央银行接收票据。在这个清算期所有银行都按相同的持续的速率把票据送给中央银行,央行在收到票据后立即转移资金(DVP 模式)。在此期间一家银行的账户余额会随着票据的清算而波动。清算的结果是净贷记 [p_t $(y-c_t)>0$] 或净借记 [p_t $(y-c_t)<0$]。与此同时,某家银行的准备金账户余额也在清算期内以 p_t $(y-c_t)$ 的速率线性变化。如果清算在结算期的一开始发生,即在任何借贷发生之前进行清算,中央银行就拥有了对日间余额的限制权。这也意味着,在清算完成以前中央银行不会开启其总分类账进行资金转移。设一家典型的银行 A 在 t 日开始时在中央银行的账户余额为 m_{t-1},在 t 日的清算窗口开启时银行的准备金余额为 m_t。随着清算的进行,A 银行的账户余额按如下方式变动:

$$\hat{m}_t = m_{t-1} + p_t(y - c_t) \qquad (2-6)$$

设 A 银行在 $t-1$ 期通过贷款和购买政府债券进行的投资为 b_{t-1},利率为 i_{t-1},则在 t 日的清算期末银行的准备金账户余额转变为:

$$m_T = m_t + b_t = \hat{m}_t + (1 + i_{t-1})b_{t-1} = m_{t-1} + p_t(y - c_t) + (1 + i_{t-1})b_{t-1}$$

$$(2-7)$$

其中,b_{t-1} 可理解为另一家银行 B 在清算期间卖出债券进行融资,由 A 银行用多余备付金买入。因此,在 $t-1$ 期清算期开始时 A 银行的实际准备金余额为 $m_{t-1} + b_{t-1}$。

为保证支付结算的连续性和支付体系的稳定,中央银行一般要对商业银行的备付金规定最低的额度。如对隔夜余额施加必要的限制:

$$m_t \geqslant \Phi_{mt}, \quad \forall t \qquad (2-8)$$

对日间透支限额也可作出如下规定:

$$\hat{m}_T \geqslant \Phi_{\hat{m}t}, \quad \forall t \qquad (2-9)$$

式(2-8)、式(2-9)中,$\{\Phi_{mt}\}$、$\{\Phi_{\hat{m}t}\}$ 均为非负的时间序列。式

（2-8）表示，商业银行在每期进行清算时的准备金余额不得低于净清算债务，其值等于 $p_t(y - c_t) + (1 + i_{t-1})b_{t-1}$。式（2-9）表示日间透支限额不得大于准备账户日间余额，而准备金账户的日间余额是随 $p_t(y - c_t)$ 而变动的。$\{\Phi_{mt}\}$、$\{\Phi_{\hat{m}t}\}$ 还可表示为价格 p 的函数，因为此处的价格为用准备金的单位表示出的消费品价格：

$$\Phi_{mt} = \phi_m p_{t+1}, \quad \Phi_{\hat{m}t} = \phi_{\hat{m}} p_t, \quad \forall t \qquad (2-10)$$

式（2-10）中，$\phi_m \geq 0$，$\phi_{\hat{m}} \leq 0$ 为常数，是贴现因子。式（2-10）表示，隔夜透支限额和日间透支限额随消费品价格的变化而变化，体现出中央银行对短期流动性的审慎要求。在清算期末，持有清算负余额的银行的最低准备金要求，必须满足式（2-6）和式（2-7），同时能为非负的消费提供资金。

就全社会而言，政府的预算限制需满足：

$$M_t + B_t = M_{t-1} + (1 + i_{t-1})B_{t-1} \quad \forall t \qquad (2-11)$$

其中，M_t 和 B_t 分别是 t 期的总准备金余额和政府债券发行。从清算过程的假设中还可得出的结论是，$\bar{M}_T = M_{t-1}$，即总的净日间账户余额包括了负余额的透支，使其保持在上一日清算开启时的总准备金。这样做使清算期间的货币政策操作得以避免。换言之，货币供给是商业银行在中央银行的非负账户余额的和。

与此同时，一个典型的银行或典型的代理人所面临的问题是要解决式（2-4）的最大化问题。

以上关于中央银行在清算与结算机制中的作用问题，仅仅考虑了中央银行作为一种清算机构，提供清算账户、清算设施和清算服务，为日间透支提供便利，与政府共同确定名义利率，以及对日间透支余额、隔夜余额施加限制等功能。在有些清算安排中，中央银行不一定必须介入。例如，票据清算所首先交换票据，然后将净义务提交中央银行进行资金转移。一些独立运行的同城或异地清算系统，如美国的 CHIPS、中国的同城清算系统、中国银联的银行卡信息交换系统就是在日间记录交易信息，日终提交中央银行支付系统和簿记系统进行结算。一般而言，这类结算只涉及某一种支付工具。如果交易规模大并且信息不完备，则多边信用风险就会很大。近年来，许多国家的中央银行加强了对私人结算系统的监督和风险监测，通过建立全国性的与中央银行支付系统连接的清算系统避免私人性的结算系统的风险。

2.3.2　支付系统设计运行分析

20 世纪 70 年代，美国建成世界上第一个以计算机通信和处理网络为基础的全额实时结算系统（FEDwire）。20 世纪 90 年代全额实时结算的支付系统在十国集团得到普及和运用。2005 年 6 月，由中国人民银行建设的大额实时支付系统在全国范围内投入运行。国际清算银行（BIS）和支付结算体系委员会（CPSS，2005）的最新研究成果表明，大额实时支付系统能够使其使用者以较低的流动性及其成本得到较早的最终结算。近些年来，一些国家或经济体在设计重要的支付系统时试图把实时结算与净额结算的优点结合在一起。比如，美国的自动清算所银行间支付系统（CHIPS）、欧元支付系统第二代（TARGET2）就是实时或准实时的净额结算系统或称为混合系统。中国人民银行建设的小额批量支付系统的基本功能包括了批量发送支付指令，实时进行轧差，清算采取参数化设计方式，一个营业日内清算的场次可以在 1～99 次之间作出选择。清算场次越多，市场参与者流动性限制解除得越快，对净借记限额也就可以设置得更高。

2.3.2.1　支付系统的设计原理

大额支付（全额实时结算）系统（RTGS）

RTGS 系统被定义为能够连续进行资金转账指令的处理和最终结算的全额实时结算系统。大额支付系统的转账过程包括参与者提交支付指令、系统检查指令是否满足结算的基本条件、对排队指令的释放提供可选算法、分析支付成为不可撤销和无条件（即最终性）的条件以及提供结算资产在发送方与接收方之间转移的方式。支付指令的提交和处理自动进行。系统参与者通常先将支付指令予以储存，再根据一系列因素确定发送顺序，这些因素包括指令延迟成本、流动性成本、风险管理、排队管理和排队释放算法等。支付指令一经提交，支付系统就要对指令发送者的身份、指令的完整性、不可否认性、安全措施等进行确认。支付指令得到确认后，结算的唯一条件是付款方结算账户中具有足够的资金（或透支额度）。结算过程建立在中央银行货币实时转账基础之上。

当发起行在其中央银行账户上没有足够的资金用于清偿时，支付指令面临两种选择：第一种选择是支付指令被退回给发起行，待发起行具备足够的清偿资金时，被退回的支付指令重新输入支付系统内。之前，发起行可在其内部系统中保存和管理挂起的支付指令，进行内部排队。第二种选择是大额支付系统暂将转账指令储存在中央处理器中（系统排队或集中式排队），条件满足后，再将指令释放，完成最终结算。排队顺序一般取决于支付指令提交/确认时间。尽管支付排队安排在各类大额支付系统中基本相同，但排队支付从队列中释放的方法各系统有所不同。采用先进先出法时，若结算资金充足，则排在队列最前的支付首先释放，进行结算。严格的先进先出法导致队列前面的大额支付可能阻碍后续支付的结算。为克服这一弱点，有些系统设计成发送方可对支付重新排序，或对支付规定不同的优先级别。最常见的模式是在先进先出法基础上结合优先级别。这样，紧急支付的结算不受已排队的非紧急支付的影响。还有一种变通的方法是，当结算资金不足以结算队列最前面的大额支付时，则试图结算下一笔支付。更进一步的解决方法是按照先进先出原则对支付进行筛选，即队列中哪笔支付能够结算，就予以结算。近年来，一些大额支付系统引入了更加复杂的算法，即搜寻参与者之间可以抵消的一系列支付，对能够抵消的支付予以结算。抵消的目的是增强系统的结算能力，从而减少排队，加速结算过程并降低日间流动性需求。在某些混合系统中还引入了发送方限额以控制结算资金的流出，即由参与者 A 向参与者 B 提供双边发送限额（A 愿意付给 B 的最大资金净额）。参与者也可以制定多边限额，代表某一参与者愿意付给所有指令或参与者团体的最大资金流出净额。除了制定双边和多边限额外，参与者还可定义一个总限额。在总限额中可为紧急支付保留一定的流动性。结算优先级或由系统根据支付类型自动指定，或者由发送方确定。为加速结算过程，一些系统将一笔大额支付分割成两个或更多部分，采取的方式如：规定最大交易金额，超过该金额的支付就予以分割；或者按可用流动性的最大额度，结算该支付金额的一部分。

支付指令不可撤销的时点取决于系统所在国或经济体的制度安排。在有些系统中，支付指令一经系统确认就不可撤销，排队支付指令不能撤回；另一些系统中，支付在结算前可以撤回；在极少数系统中，只要接收方同意，支付指令就可以撤回。当支付成为不可撤销和无条件时，支付即具最终性。

大额支付系统结算资金（或称流动性）主要有三种来源。

第一种资金来源是结算机构拥有的集中性资金，包括参与者存在结算机构的用于结算目的的最低备付金。如果结算机构是中央银行，资金来源表现为中央银行货币。中央银行也可通过提供信用来增加结算资金，如提供日间信贷或日间流动性等。几乎所有发达国家和经济体的中央银行从 20 世纪 90 年代后期开始向参与者提供日间信贷。大多数中央银行依据法律或自定的规则，要求在担保基础上提供信贷，如回购协议、中央银行账户质押融资。在质押融资中，最常见的质押品是政府债券。中国人民银行于 2006 年开启了大额支付系统质押融资服务，通过与参与者签订协议的方式，提供有偿融资。近年来，有的中央银行开始接受外币债券（美国、英国、瑞典和瑞士）作为质押品，主要目的是降低机会成本、增强危机时的灵活性以及有利于外国银行进入资本市场、货币市场和支付市场。但中央银行须承担汇率波动产生的市场风险。

第二种资金来源是大额支付系统的参与者相互之间重新分配资金，但不会影响系统的资金总水平，如在同业市场上借贷，以及一个参与者从其他参与者处收到的来账支付。在日终之前，如果参与者的资金水平与其目标余额产生很大差别，需要额外资金的参与者会通过货币市场交易、回购以及日间外汇掉期等，试图从其他持有多余结算资产的参与者处借入结算资产。欧洲中央银行在其第二代大额支付系统（TARGET2）中，为参与者相互间提供流动性设置了便利设施。参与者可在协议基础上建立"流动性资金池"，当一家参与者流动性不足时，可在日间动用"流动性资金池"内的资金，完成急需的支付。

第三种资金来源是资金在大额支付系统和其他系统间进行重新分配，这会影响大额支付系统和其他系统的资金总水平。由于不同基础设施间的联系日益增多，系统间的注资和撤资也日益普遍。在有些国家，参与者能够在大额支付系统和证券结算系统间转移资金，如 TARGET2。如果资金在系统间流动，则每一系统可用资金总额就发生变化。

当系统中流动性不足时，某些转账的失败可能会妨碍大量其他银行的转账处理，这时就发生死锁问题。例如，一家银行为节省流动性，可能故意延缓转账处理，等待其他银行的来账，如果这种做法不受限制，则其他银行也会效仿，结果是大量支付等待排队处理，产生自加强的死锁。为防止这种负外部性的产生，鼓励尽早结算，支付系统管理者可制定银行往账支付流的管理规定，如要求银行必须在特定时间以前发送一定比例的支付报文。管理者也可以采取激励约束政策，对迟到的转账和结算收取较高的费用，对接收行则采取统一收费安排，如瑞士的支付系统管理者的做法就是如此。这导致各银行在大额转账之前尽早发送和结算大量的低金额支付。

零售支付（净额结算）系统（DNS）

小额支付系统也称零售支付系统，一般采取轧差净额结算的方式。在大额实时支付系统出现之前，轧差净额结算是支付系统中主要的甚至是唯一的方式。净额结算系统在一个给定的营业周期（一般为一个营业日）的期末，完成参与者之间净债权（债务）的转移。净额结算系统暗含着一个条件，即一部分参与者须向另一部分参与者提供日间信用。结算间隔越长，结算风险也越大。由于这一特性的存在，各国在大额支付领域基本采用了全额实时结算技术①，而小额支付大多采用净额结算方式，如银行卡支付结算、小额支票结算以及其他小额非现金支付结算等。传统的"非安全型"的净额结算系统采用非常简单的轧差结算模式，缺乏有效的风险控制措施。由于每一家银行都意识到，自己的违约会由整个系统的参与者共同承担，这使得参与者之间疏于监督，多边轧差结算机制的风险很大。1990年兰弗鲁斯报告（BIS，1990）发布以后，许多国家的净额结算系统采纳了兰弗鲁斯标准，改进为"安全型"的净额结算系统。兰弗鲁斯标准要求（BIS，1990），轧差机制必须建立在坚实的法律基础之上；轧差机制的参与者应当清晰地理解特定的轧差安排对他们可能造成的风险；多边轧差系统应当清晰定义信用风险和流动性风险管理的规程，通过这种规程约束轧差提供者和参与者的义务，使他们既有激励又有能力承担他们面临的每类风险，控制每个参与者产生的信用风险的最高水平；多边轧差系统应当至少确保在拥有最大单笔净借记头寸的参与者没能力结算的情况下，每日结算能够及时完成。这一点尤其适用于中央对手方清算机制。所有轧差机制应确保技术系统的运行可靠性和备份设施的有效性，能够满足日常处理要求。

在净额（或小额）结算系统的流动性和风险管理方面，各国普遍采取的一项措施是对参与者设置净借记限额。以中国的小额批量支付系统为例，在净借记限额的设置方面，主要采取由授信额度、质押品价值、圈存资金三部分组成。其中，授信额度由支付系统管理者根据直接参与者的资信情况核定，授予参与者在一定时间内多次使用；质押品则是参与者向系统管理者提供的用于轧差净额资金清算担保的优质债券；圈存资金是直接参与者在其清算账户中冻结的用

---

① 但加拿大的大额支付系统 LVTS 仍采用多边净额结算；美国的 CHIPS 系统采用混合结算，欧元区的 EURO1 和 STEP1 也采用多边净额结算，见 CPSS：Statistics on payment and settlement systems in selected countries，Nov. 2006。

于轧差净额清算担保的资金。另一项措施是采用先进的算法对进入队列的支付指令进行多边撮合,大大减少净借记头寸的累积。在排队安排方面,按照金额由小到大的顺序调整队列,并通过设置排队期限将超出期限的支付指令退回处理。第三项措施是根据需要适度调整清算场次,对每次清算的结果及时进行账务处理。如果参与者清算账户余额不足,会被系统作排队处理,并被责令筹措资金。清算场次的合理设置增强了参与者流动性管理的预期,同时降低了净借记头寸峰值。营业日日终的最后一场清算,当参与者清算账户余额不足以弥补其净借记头寸时,支付系统通过设置清算窗口,供净借记头寸为正的参与者筹集资金。

2.3.2.2 支付系统的运行与控制机制

支付系统基础设施包括运行系统所需硬件和软件。RTGS 系统一般由中央银行建设和运行,系统由中央银行所拥有;也有的国家系统的所有者根据合约或服务协议,将基础设施的提供(如硬件)或运营职责全部或部分外包给一个或多个第三方服务提供者。还有一些国家的中央银行只是大额支付系统的部分拥有者,与私营部门(一般是系统成员或直接参与者)共享所有权。例如英国的 CHAPS Sterling 系统,比利时的 ELLIPS 系统和法国的 PNS 系统。DNS 系统在有的国家由私人性组织或银行建设、运营;而在有的国家,中央银行也建设和运行 DNS 系统,如中国的小额批量支付系统、美国的自动清算所(ACH)、德国的零售支付系统 RPS、意大利的 BI – COMP 系统等。

大额支付系统作为一国重要的金融基础设施,既要保证为最广泛的参与者服务,又要保证安全高效运行。大多数国家的大额支付系统由本国中央银行拥有,主因在于减少系统性风险、维护金融稳定;同时,中央银行能够为金融机构间转账提供便利。这类系统通过中央银行账户对支付进行结算,中央银行充当结算代理机构并管理系统的运行。零售支付系统由私人机构所有和运行,与这类系统处理的业务单笔交易金额、轧差结算金额以及支付的紧急程度有关。零售支付系统涉及的支付工具、业务种类多,交易量(笔数)巨大,但单笔结算金额小,紧急程度相对较低,由私人部门或商业银行来运行,有利于发挥市场的作用。而有的国家由中央银行建设和运行零售支付系统原因各异,例如,中央银行在推进系统建设和业务创新方面更具优势;用中央银行货币做最终结算资产更为方便可靠、效率更高;以及历史形成的原因等。另外,许多国家的零售支付系统日终结算要通过大额支付系统由中央银行最终结算，如美国的CHIPS、中国的小额支付系统等。

支付系统与其参与者之间的联系依赖于网络运营者和信息传送者提供的通信线路，后者规定了信息和支付报文的标准、编码、验证程序和路径。金融全球化和市场基础设施间日益深化的联系，使跨境银行业迅速发展，也更显示出网络兼容性的重要。

核心基础设施与辅助基础设施的可靠性事关整个系统的效率与稳定，并对金融稳定产生严重影响。如果所有参与者都通过同一网络相连，这种网络的集中就可能将网络提供者、支付系统及其参与者置于风险之下。这类风险对网络提供者而言，主要是运行风险，但对支付系统而言，非正常运行可能导致额外的信用风险和流动性风险。通过通信网络，银行将其支付指令传给支付系统；清算与结算的信息也可通过同样的网络传给参与者。当支付信息流从付款人至收款人时，付款人编写标准格式支付报文；报文被支付系统接受后，再传递给接收银行。支付报文中包含的信息被传递至系统运营者或结算机构进行处理。从系统传至参与者的支付信息流所含的信息包括关于支付状态、参与者账户余额等方面的实时信息甚至排队支付的详情。这些信息便于系统参与者实时控制支付过程，改变支付的排队位置或优先级别，将支付从队列中撤回或修改发送限额。

关于支付系统的准入标准，既有数量方面的最低要求，如资本、信用等级以及支付量等，又须遵守维护金融体系安全的相关立法和司法准则。准入标准作为控制或降低风险的一种手段，旨在确保单个参与者不会引发系统性金融风险、运行风险和法律风险。系统所有者在按照风险/成本偏好定义准入标准时，要兼顾支付体系监管者、金融机构监管者或立法当局的要求。重要支付系统必须遵循准入标准客观、公正、透明的原则，符合市场竞争原则。当支付系统的所有者不是结算机构时（例如很多零售支付系统），结算机构关于账户开立和日间信贷便利提供的政策会影响系统准入，因为在结算机构开立账户是直接参与支付系统的条件之一。

金融机构可依据准入标准直接参与或通过代理银行间接参与大额支付系统。直接参与者必须与系统运营者就有关系统运行方式等签订内部合约，并在结算机构开立账户，通过账户对支付进行结算。直接参与者一般是银行业金融机构，其身份对所有各方是透明的；间接参与者范围很广，他们不在结算机构开立账户用于结算付款义务，而是根据双边协议通过直接参与者的结算账户进行结算。金融机构选择直接参与或间接参与支付系统取决于多种因素，最基本的考虑是尽量降低成本和与结算相关的风险。此外，金融机构在中央银行货币政策操作中介入的程度和其他市场基础设施（如证券结算系统）对直接参与者的要求也会对金融机构的选择有重要影响。特别是中央银行作为大额支付系统的直接参与者，为实施货币政策带来极大的便利。

总之，支付系统的结算模式、参与方式、信息流与资金流的传导控制机制不仅关系到支付机制的效率与安全，也关系到金融市场的效率与安全。在起始于 2007 年并波及全球的金融危机中，不同类型金融市场的支付系统及支付清算机制所起的作用截然不同。传统的金融市场由于其支付系统强健而严密，并置于中央银行等监管机构的有效监管之下，从而起到了阻隔金融风险蔓延的作用。相反，金融衍生品场外交易市场由于缺乏透明的、集中管理的支付清算系统，也没有引入中央对手方清算机制，更未得到有效监管，使得交易风险随交易规模的扩大而成倍放大，对金融危机的形成起到了推波助澜的作用。

第3章 支付服务市场定价与竞争

电子商务的大发展、网络信息技术在金融领域的广泛应用、货币的数字化、信息化,推动了现代支付服务市场的形成和大发展。同时,由于信息技术和规模经济的迅速发展,导致支付要素,即账户、工具、系统、终端可以独立存在,并进行要素间的多种组合配置。这就为支付要素的独立发展和专业化的支付服务市场提供了广阔的空间。如银行卡、电子支付账户、电子现金(含预付卡)的发行市场、受理市场,支付清算服务系统和市场,提供商品信息和供货服务的物流市场,专门提供后台支持服务的 IT 市场、集成商等。在图 2 – 1 中,CMPB 代表市场主体;ABCI&APCI 是支付工具(货币)发行市场;STMP&STMB 为受理支付工具的市场;CMTI 代表商品(物流)市场;ASTI 是支付流;ABPS 代表资金流。

在电子支付环境下,支付服务市场因其采用的网络、终端、工具,乃至资金储存地(账户或电子现金)组合不同,具有不同的定价机制和策略。开放网络和专有网络的定价依据又有很大差别。尽管电子支付的发展朝着有卡支付向无卡支付发展,但卡基支付仍将在相当长的时期存在并占据主导地位。

3.1 卡基支付服务市场定价

卡基支付可分为基于银行卡、储值卡(电子现金卡)支付。卡基支付服务市场涉及发行人(如银行和其他支付服务机构)、工具持有人、受理人、为支付工具使用提供便利的受理服务机构(在银行卡领域也称收单服务机构)、支付网络系统提供者。在开放网络中,还有一类专门提供跨行或跨机构支付信息转接和清算服务的中介组织,如银行卡跨行信息转接和清算机构。而封闭网络中的中介组织既是提供支付工具的发行者又是受理服务机构。

卡基支付工具的发行受到了保管、维护工具持有人的对应账户资金的激励,发行者可以收取管理费（如年费）、获取账户沉淀资金支配收益、账户资金转移服务收益。支付工具持有人获得了支付便利效用，省却了取现支付带来的一系列麻烦和成本。商家获得了促销效益。同时，如果商家不受理某种支付工具，就可能面临受理同种同类支付工具的其他商家的竞争压力。受理服务机构或收单机构，主要通过拓展客户、布放受理机具、疏通交易处理渠道、维护商家和消费者权益获得相应的收益，也有的受理机构提供账单、发票、积分服务等。跨银行间或跨机构间的信息转接和清算服务组织主要负责其所从事的信息转接和清算的标准拟订和实施、搭建支付清算网络并提供直通式处理方案，收取品牌服务、信息转接和清算费用。

表 3 - 1　　　　　　　卡基支付服务市场利益相关方收益与成本对比指标

市场主体	服务/收益	成本支出
工具发行者	工具或关联账户管理费（如年费）、账户沉淀资金支配收益、账户资金转移服务收益	交易维护费 账户及资金服务支出
工具受理者	收单收益/增值服务收益	客户维护费
商家	促销收入	向所有支付服务提供者付费
工具持有人	效用	年费、违约成本
信息转接清算者	信息转接费；品牌服务费；清算收入	系统及信息维护成本

3.1.1　银行卡市场及其定价机制

3.1.1.1　双边市场及其特性

科斯在其《企业的性质》（1937）一书中提出了著名的产权与交易成本理论。如果财产权是清晰界定的和可交易的，并且如果不存在交易成本，信息是对称的，则交易双（多）方之间讨价还价的结果就是具有帕累托效率的，即使存在着外部性，也会实现帕累托效率。反之，如果结果是无效率的，则人们就会不停地讨价还价，或者最终达到有效率，或者交易失败。在网络经济环境下，网络的外部性对规模经济具有重要影响，买卖双方利用一个网络系统平台进行交易，存在着成员外部性、使用外部性和账户外部性，这些外部性导致双边（或多边）市场（Two - or Multi - sided Markets）的产生。

关于双边市场的定义，按照 Jean – Charles Rochet 和 Jean – Tirole（2004，2005）①，如果在一个市场中，参与者通过一个系统平台（或媒介）进行交易，而平台通过对市场参与者的一边收取费用，并把另一边支付的价格降低适当的数额来影响交易规模，从而把交易双方吸引到平台来进行交易，这样一个市场就是双边市场。终端用户之间存在着未内部化的外部性，如果共用一个平台进行交易的终端用户通过直接的谈判能够解决成本负担的实际分配问题，即科斯定理是有效的，则这个市场仍是单边市场。另一种只能当作单边市场的情况是，在买者与卖者存在信息不对称时，如果不存在成员外部性，并且利用系统平台进行买卖的双方之间通过讨价还价来确定支付给平台的价格，或者是垄断性定价，这样一个市场仍是单边市场。由此可见，使得一个市场成为双边市场的主要因素包括：买者和卖者之间的双边定价受到限制和约束；系统平台对买卖双方之间的定价施加了约束；加入系统的成员需要支付固定成本和固定费用（Rochet 和 Tirole，2005）②。简言之，在一个双边市场上，既存在着一个总体价格水平，又存在着终端用户之间的价格分配结构。如果交易平台上实现的交易额只与总价格有关，而与相对价格无关，这种市场是单边市场。

在支付领域，银行卡市场是一个典型的双边市场。最早的银行卡市场出现于 1958 年③，美洲银行开始运行 BankAmericard 信用卡系统，是 Visa 的前身。其自身既是发卡方也是收单方，相关的费用也由它来定，包括年费、利率、持卡人的收费和商家折扣费等，所以它也可以决定总体的费用水平和费用结构。1966 年美洲银行开始引入其他银行作为特许经营者。系统内的单家银行可自由确定向商家和持卡人收取的费用。后来 BankAmericard 系统转变为会员制的公司，成为典型的多边系统。目前，世界上大多数的银行卡市场网络系统中，存在着发卡行、受理银行卡支付服务的收单行和持卡人（消费者）、商户，以及专门提供跨行支付信息转接和清算服务的银行卡组织。消费者持有银行卡获得了安全、可靠和便利的支付手段。除此之外，信用卡使用者还可获得解决纠纷服

---

① Jean Charles Rochet, Jean Tirole: Two – Sided Markets: An Overview, at the IDEI – CEPR conference on Two – Sided Markets（Toulouse, January 23 – 24 2004）.

② Jean Charles Rochet, Jean Tirole: Two – Sided Markets: A Progress Report, 2005, rochet@ cict. fr.

③ 据戴维·S. 埃文斯、理查德·斯默兰著，徐钢、何芙蓉译：《塑料卡片的魔力——交易的数字化革命》，中国金融出版社，2004。

务、高频用户回报、免息短期信贷、无担保的长期信贷等。商户受理卡可以起到促销作用。发卡行从消费者和受理行那里获得收益，如信用卡持有者支付的利息，借记卡持有者的活期存款等，银行往往通过更优良的服务吸引客户资金，并通过发行银行卡为客户提供各种支付便利。受理行则通过双向设置商户折扣率和支付给发卡行的交换费来获取收益。网络提供商有两种：一种是专用网络，另一种是开放网络。前者集发卡方、收单方、网络运营者为一身。开放网络是会员制或股份制组织，可包括发卡行和收单行，由网络参与者共同设定由收单行向发卡行支付的交换费，网络运营者为银行卡组织。银行卡组织的主要任务是提供跨行交易信息转接、资金清算服务和基础设施服务，制定网络运行规则，提高网络服务效率和质量必需的开发与研究，银行卡组织规则决定交换费的设定、无额外收费规则和标识产品的受理等。

在一个典型的开放式银行卡市场上，有两类网络提供银行卡支付服务，一类是商业银行的行内网络，另一类是跨行的银行卡信息服务网络，后者把成员银行的网络连接在一起。因银行和银行卡组织提供了支付服务，从而对持卡人、商户收取相关费用。在不考虑支付习惯和税收方面影响的情况下，费用的结构和水平对网络交易规模及收益共同产生影响：合理的持卡方费用水平能够引导和激励持卡人用银行卡进行付款，持卡交易者越多，商家越愿意提供银行卡收款服务，否则商家更愿意收取现金。反过来，合理的商家受理费用促进银行提供便捷的银行卡服务设施，从而支持更多的持卡人用银行卡进行支付，也有利于扩大商家的销售规模和利润。

由于双边市场及其定价、福利等问题与市场结构密切相关，因此首先需要对市场力量进行简要论述。

设企业 I 面对的需求函数为 $p_i(q_1,\cdots,q_n)$，成本函数为 $c_i(q_i)$，则企业的利润最大化问题为：

$$\max_{qi} p_i(q_1,\cdots,q_n)q_i - c_i(q_i)$$

一阶条件：$\dfrac{\partial p_i}{\partial q_i}q_i + p_i(q_1,\cdots,q_n) - c'(q_i) = 0$

定义 $\varepsilon_i = \dfrac{\partial q_i p_i}{\partial p_i q_i}$，可得到勒纳公式：$\dfrac{p_i - c'}{p_i} = \dfrac{1}{\varepsilon_i}$

依据单个企业面对的 ε_i 可以定义市场结构（张维迎，2001）[1]，在完全竞争市场中，$p_i\ (q_i,\ \cdots,\ q_n)\Leftrightarrow p\sum q_i$，$\varepsilon_i\equiv\varepsilon_{-i}=\infty$；在垄断市场中，$\varepsilon_i\equiv\varepsilon$，$\varepsilon\in(1,\ \infty)$；在对称寡头竞争市场中，$\varepsilon_i\equiv n\varepsilon$；在垄断竞争市场中，$\varepsilon_i<\infty$。决定市场结构的因素包括技术因素、需求因素、信息、企业行为以及政府政策等。在支付卡领域，市场结构的实际情况可能是：在零售方面接近于完全竞争，特别是在银行业比较分散的市场中，发卡和收单市场存在着竞争，但在网络服务方面可能会出现共谋或不公平竞争。

网络经济学所关注的外部性在双边市场中也同样存在。典型的网络外部性有成员外部性和使用外部性。所谓使用外部性是指，市场某一边的需求决策影响另一边的成本和收益。例如，在银行卡市场中，如果持卡人用卡消费确实比现金消费能够获得收益，那么，商家受理银行卡就对持卡人施加了正的使用外部性。否则，持卡人不得不去 ATM 或银行柜台取现，使消费者不能得到刷卡消费带来的某些收益。反过来，如果商家受理银行卡确实能够带来比收取现金更大的收益，那么客户受理支付卡就会给商家带来正的外部性。成员外部性则与加入系统网络平台的终端用户所承担的固定费用和用户端的技术性固定成本相关。一般而言，买方所承担的固定费用的增加不会传导到卖方。这意味着固定费用的承担结构对市场规模和市场定价产生影响。Wright（2002）[2] 对固定费用的非中性作过描述：假定消费者用卡替代现金支付商家所获得的便利性收益（剩余）相同，都为 b_B，如果商家卖出商品的价值为 v，那么，商家收现金和受理卡的价格分别是：v 和 $v+b_B$，这时持卡人用卡并未获得交易性剩余。该消费者在交年费或在申请卡时付出交易成本的情况下，可能就不会用卡消费。其结果是，商家由于额外收费使其事先为受理卡而进行的投资无法收回。Robert 和 Tirole（2004，2005）[3] 对使用外部性和成员外部性作了如下区分：

① 平新乔、胡汉辉主编：《斯蒂格利茨〈经济学〉第二版导读》，中国人民大学出版社，2001。
② Julian Wright：Optimal card payment systems, *European Economic Review* 47（2003）：587–612。
③ 同②。

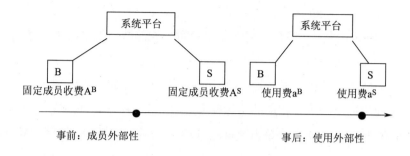

图 3 − 1　使用外部性和成员外部性

其中，成员外部性是一种固定的、事前的行为，而使用外部性是使用银行卡产生的外部性。事实上，两种外部性是相互影响的。要使系统平台得到规模化运用，必须在使用外部性和成员外部性之间作出权衡。

3.1.1.2　双边市场定价理论

在以网络为依托的双边市场（如银行卡市场）中，网络的提供、信息转接不仅产生可变的交易成本，而且为了维持网络的顺畅运行，保证和提高服务效率与质量，还发生各种各样的固定成本。因此，如何在市场参与各方之间合理确定服务价格，从而达到收益与成本的平衡，保证交易在大的规模上进行，是双边市场理论研究的重点。

交换费（Interchange Fee）是收单行（商户的银行）向发卡行（持卡者的银行）支付的一笔费用。当消费者用银行卡购买商户的物品时，通过 POS 机具，收单行先行垫付款项，随后由发卡行向收单行支付，期间，银行卡组织提供跨行支付信息交换服务。商户作为回报，需要向收单行支付一笔回扣（discount），其中收单行还要向发卡行支付一笔交换费。在国际上，交换费由支付卡组织确定，而没有签订任何的双边协议。交换费的水平在不同的国家以及在不同的交易领域都有不同。交换费可以按照商品交易金额的一定比例收取，也可以按笔收取固定的费用。较高的交换费会使收单行的成本提高，收单行为转嫁成本，向商户收取更高的费用，这又有效降低了发卡行的成本，发卡行为扩大自己的银行卡市场，减少对持卡人的收费。相反，较低的交换费在降低商家成本的同时，却增加了发卡行的成本，进而提高对持卡人的收费。为扩大和保持银行卡受理市场份额，收单行、发卡行、银行卡信息转接及清算组织、商户、持卡人必须达到利益均衡。

最早对银行卡领域的定价和服务成本进行研究的是 William Baxter (1983)①。Baxter 认为，银行卡网络存在着间接外部性。他把持卡人和商家对于支付的需求看作互补品，而把交易服务的供给视作共同的成本。要使银行卡网络中的剩余最大化，持卡人和商家在边际交易中的收益（如便利与安全、交易量等）之和应该至少等于相应的边际成本之和。Baxter 的这项研究使用了三个假设：一是发卡行之间以及收单行之间是完全竞争的；二是受理银行卡的商户不从不受理银行卡的竞争对手那里吸引顾客，即不存在商业偷窃行为；三是所有商户都从受理银行卡中获得相同的收益。按照第一个假定，在发卡市场和收单市场都完全竞争的条件下，持卡人支付的银行卡业务的价格等于发卡行的边际成本，而商家支付的银行卡业务价格等于收单行的边际成本。这时，只有持卡人和商家使用卡的收益分别大于其用卡成本，才会发生银行卡交易。但是发卡行和收单行的定价并不能保证持卡人和商户的净收益都大于零，其结果是银行卡交易规模不能达到社会最优水平。Baxter 提出的解决办法是，在发卡行与收单行之间进行适当的转移支付，使商户、持卡人、发卡行、收单行都获得适当的利益，提高持卡人和商户的用卡意愿，使网络间接外部性的正效应得以充分释放，并达到资源配置的帕累托效率。交换费就是一种很好的转移支付的手段。不同的银行为争取持卡人和商家而展开的竞争，使得交换费等于商户收益与收单行边际成本之差，这样发卡行之间的竞争也将致使发卡行把持卡人的费用设在合适的水平。值得注意的是，Baxter 的研究没有考虑固定成本和进入价格，并且发卡市场和收单市场完全竞争没有利润。

Frankel（1998）在 Baxter 的假定基础上论证了，当存在额外收费（即用卡消费比现金消费要额外收取部分费用）的情况时，交换费是中性的，即交换费起不到转移支付的作用。但问题是，如果这样做，持卡人将改为现金消费，持卡消费将不复存在。

Schmalensee（2001）② 扩展了 Baxter 的分析，放松了发卡行之间以及收单行之间完全竞争的假设，在发卡方和收单方存在市场力量（如发卡方和收单方分

---

① Jean Charles Rochet, Jean Tirole: Cooperation among Competitors: Some Economics of Payment Card Associations, RAND *Journal of Economics*, 33, 1 - 22.

② Richard Schmalensee: Payment Systems and Interchange fees, Working Paper 8256, National Bureau of Economic Research, Cambridge, MA 02138 Apr. 2001.

别由一家银行垄断）的情况下，得出了使联合剩余最大化的交换费的建议：把最优交换费分解成两方面的内容。其中一部分取决于持卡人和商家需求弹性的差异；另一部分取决于发卡行和收单行成本方面的差异。Schmalensee 在同意 Baxter 关于交换费是用来平衡成本与银行卡服务需求以及社会最优交换费不可能等于零的结论的同时还认为，运用传统的线性局部需求和双边垄断市场的衡量方式，利润最大化（相应于发卡方和收单方）的交换费也是社会最优的。

Rochet 和 Tirole（2002）[1] 最早建立了商户和消费者决策模型，研究集中设定交换费和商户额外收费的福利含义。在考虑消费者的异质性、持卡和收单的外生性，以及消费者并不知晓哪家商户受理银行卡的前提下，借助于霍特林（Hotelling）竞争模型，他们得出两个重要结论：第一，在不允许商家收取额外费用的前提下，如果消费者的平均剩余高于商家的平均剩余，支付卡联合组织的最优交换费要么与社会最优交换费相等，要么更高，结果导致卡支付服务的过分提供；第二，如果允许商家收取额外费用，则交换费就是中性的，并且存在着卡的过少提供，同时对社会福利的影响是不明确的。Rochet 和 Tirole 还考虑了消费者关于商家受理卡信息的效应问题。当消费者事先知道商家受理卡的某些知识，或者走出去到另一个商家购物不存在成本的情况下，商家会通过运用受理银行卡这一策略工具来吸引顾客，这等同于放松了 Baxter 的第二个假定。这时，商家愿意支付较高的银行卡受理折扣。当消费者并不知道卡的受理情况、持卡是外生的且消费者偏好存在异质性时，交换费是非中性的。如果消费者的平均剩余高于商家的平均剩余，由收单方选择的交换费高于社会最优交换费。如果在消费者具有完全信息时存在着银行卡服务的过分提供，就可能存在较低水平的顾客对商家受理卡情况的关注，这时的利润最大化的交换费也是社会最优的交换费。

Julian Wright（2002）[2] 运用 Rochet 和 Tirole（2002）的研究框架，考虑了商户定价的两种极端形式：垄断性定价和完全竞争定价，获取了无额外收费规则和私人性选择交换费对福利的影响效果。在收单市场独家垄断的情况下，如果卡的持有是内生的，则由收单方选择的交换费是社会最优的；如果收单市场

---

① Jean Charles Rochet, Jean Tirole：Cooperation among Competitors：Some Economics of Payment Card Associations，RAND *Journal of Economics*，33，1 – 22.

② Julian Wright：Optimal card payment systems，*European Economic Review* 47（2003）：587 – 612.

是伯川德（Bertrand）竞争，则交换费和"无额外收费规则"都是中性的，因为此时收单方决定是受理卡还是拒绝卡。另外，Wright还利用对商户定价的不同途径，以及持卡人面临的交纳成员费的可能，揭示了支付系统的某些重要特性。Wright比较了利润最大化、产出最大化和福利最大化的交换费。如果交换费增加时商家费用的增加超过持卡人费用的减少，产出最大化与利润最大化是相背离的；如果消费者完全具有哪家商户受理银行卡的信息，则利润最大化的交换费高于产出最大化的交换费，商家受理卡的平均交易收益大于商家折扣；如果受理卡的平均交易收益低于商家折扣，则社会最优交换费将低于产出最大化的交换费。把上述三种情况综合起来，利润最大化的交换费与产出最大化的交换费之间的比较、产出最大化的交换费与利润最大化的交换费之间的比较，就为私人设定的交换费可能偏离社会最优交换费水平的原因提供完整的特性。在放松Baxter第二个假定的条件下，Wright得出的结论是，商家愿意提供较高的交换费，因为增加的销售量与商业偷窃相联系。Wright（2004）[①]在原有研究基础上，进一步假定不同的行业具有不同的卡利益，而相同行业使用银行卡是同质的；收单行没有必要是完全竞争的，而银行的费用是其成本的显函数。在这种情况下，最优交换费与发卡行的成本正向相关，也与收单行的利润正相关；当商户的需求弹性低于消费者的需求弹性时交换费也会增加；商家如果存在策略性以吸引新客户，则交换费也会上升。

Gans和King（2003）研究了存在一价政策和商家具有很强的市场力量的情况。他们发现，在发卡者是否企图将交换费提高到超出社会最优水平之上以便增加利润这个问题上，存在着模棱两可的结果。如果收单市场具有市场力量，而发卡市场是完全竞争，并且一价政策起作用，商家也具有市场力量，那么收单行将会选择提高交换费，以降低顾客费用，从而导致更多的卡的使用。另外，有关交换费是否为中性的问题，Gan和King（2003）、Rochet和Tirole（2002）、Schmalensee（2002）都得出相同的结论：当商家被允许对持卡购物施加额外收费时，交换费就是中性的，即交换费对利益的社会最优分配不起作用。

继2002年之后，Rochet和Tirole又对银行卡支付体系进行了一系列的研究

---

① Randall Wright：Introduction to "Models of Monetary Economics II：The Next Generation"，*Federal Reserve Bank of Minneapolis Quarterly Review* Vol. 29，No. 1，October 2005，pp. 2 – 9.

（2003，2004，2005a，2005b），他们建立的双边市场模型涵盖了使用外部性、成员外部性、非对称信息讨价还价的最优定价模式。Luis M. B. Cabral（2005）对 Rochet 和 Tirole 的研究进行了综合，并扩展到存在买方和卖方异质性的情况。

3.1.2 双边市场理论模型——交换费的确定

前面综合了双边市场理论的核心问题：交换费定价及相关的最优化问题。交换费之所以重要，至少有两方面的原因。第一，卡支付在许多国家的支付体系越来越成为一个重要的组成部分。第二，对于零售市场而言，随着越来越多的人持卡消费，包括交换费在内的商家折扣已经成为其成本中越来越重要的一部分。一些零售商不时地抱怨银行卡受理成本高，甚至联合起来抵制。例如，欧洲商业联合组织（EuroCommerce）于 1997 年向欧盟发出请愿，从而引发对Visa 欧洲的调查，迫使 VisaEurope 同意降低交换费。澳大利亚在 2002 年以及英国在 2003 年也发生过类似事件。中国在 2004 年夏秋季也在若干城市先后发生过银行卡罢刷风波。以下按照市场结构以及交换费的收费标准的不同，通过较为系统的理论模型，进一步论证双边市场的主要特征。

3.1.2.1 完全竞争条件下交换费的确定

1. 只考虑单笔交易费用，不考虑其他费用的情况，且 Baxter 的三个假定同时成立。

假设某一市场上的持卡人数是 n_B，受理银行卡的商家数是 n_S；每一笔银行卡业务由持卡人支付的价格为 p_B，商家支付的价格为 p_S；持卡人从商家所购物品的价值为 p_g。如果卡交易的交换费是按笔收取固定的金额，则可设交换费为 a。如果交换费按交易金额的一定比例收取，设比例为 k，则交换费是 kp_g。同时，设单笔交易持卡人获得的收益是 b_B，商家获得的收益是 b_S；设一笔交易中收单行付出的成本为 c_A，发卡方付出的成本为 c_I；同时，假设每一个持卡人在每一个商家一次只发生一笔交易（在不考虑消费者的异质性情况下一个持卡人发生的重复交易可以认为是多个持卡人的一次交易）。假设市场中只有一个共享网络平台，不存在平台之间的竞争，而且平台提供的服务不以盈利为目的；同时商户受理银行卡不是为了从其他竞争性商户吸引顾客。所有商户单笔交易获得的收益相同。设

$$p_B = \phi_B(n_B) \tag{3-1}$$

和
$$p_s = \phi_s(n_s) \qquad\qquad (3-2)$$

分别为持卡人和商家各自的反需求函数，$\phi'_B < 0$，$\phi'_s < 0$

在发卡市场和收单市场分别处于完全竞争的状态下，价格等于边际成本，$p_B = c_I$，$p_S = c_A$；$a = 0$。加入交换费后，持卡人和商户承担的费用分别是

$$p_B = c_I - a, \quad p_S = c_A + a(\text{按笔收费}) \qquad (3-3)$$

$$p'_B = c_I - kp_g, \quad p'_S = c_A + kp_g(\text{按交易额收费}) \qquad (3-4)$$

将持卡消费与现金消费比较，只有当 $b_B > p_B$（或 p_B^1）、$b_S > p_S$（或 p_S^1）时，持卡消费才是有利的。如果每笔交易中发卡行和收单行的成本保持不变，即 c_I 和 c_A 的变化可以忽略不计，持卡人和收单行面临的价格和边际费用取决于交换费。而交换费的确定又分为利润最大化取向和福利最大化取向两种，前者是银行卡组织及其成员所关心的，后者则是政府管理机构更为关注的。

在完全竞争条件下，社会福利函数由以下公式给出：

$$W = \int_0^{n_B} (\phi_B(x_B) - c_I) n_S dx_B + \int_0^{n_S} (\phi_S(x_S) - c_A) n_B dx_S \qquad (3-5)$$

按照前述假设，每个持卡消费者可以到所有受理卡的商家用卡消费，因而持卡人的福利为式（3-5）右边的第一项。同理，每个商家都有持卡人来消费，商家的福利为式（3-5）右边第二项。求社会福利分别关于 n_B 和 n_S 的微分，并将式（3-1）和式（3-2）代入，得到福利最大化的价格：

$$p_B = c_I - \left(\frac{\varphi_S(n_S)}{n_S} - c_A\right), \text{其中,} \varphi_S(n_S) = \int_p^{n_S} \phi(x_S) dx_S \qquad (3-6)$$

$$p_S = c_A - \left(\frac{\varphi_B(n_B)}{n_B} - c_I\right), \text{其中,} \varphi_B(n_B) = \int_p^{n_B} \phi(x_B) dx_B \qquad (3-7)$$

社会最优的持卡人价格等于发卡行的单笔交易边际成本减去商家受理卡交易单笔交易平均价值与收单行在单笔交易中的边际成本之差；而社会最优的商户费等于收单行的边际成本减去持卡人用卡消费的平均价值与发卡行的边际成本之差；二者均体现了网络效应的影响。但这两个最优价格却可能带来负利润。因为发卡行和收单行的综合收益可能低于其综合成本。将式（3-6）、式（3-7）同乘以 $n_B n_S$，相加并整理后得

$$n_B n_S(p_B + p_S) - 2n_B n_S(c_I + c_A) = -\left[\frac{\varphi_S(n_S)}{n_S} + \frac{\varphi_B(n_B)}{n_B}\right] \qquad (3-8)$$

式（3-8）意味着，发卡行和收单行的总收益低于总成本，其结果是卡的

过少提供。第一种解决办法是向亏损的一方（或双方）提供补贴，第二种办法是采取差别收费的方式，第三种办法是收取交换费。前两种方式可实施性差，而收取交换费是一种简便易行的方式。令交换费为 a。求式（3-5）关于 a 的微分的一阶条件，可得福利最大化的交换费

$$\frac{dW}{da} = \frac{\partial W}{\partial n_B}\frac{dn_B}{dp_B}\frac{dp_B}{da} + \frac{\partial W}{\partial n_S}\frac{dn_S}{dp_S}\frac{dp_S}{da} = 0 \qquad (3-9)$$

利用 $dp_B/da = -1$，$dp_S/da = 1$，有

$$0 = -\left((p_B - c_I)n_S + \varphi_S(n_S) - c_A n_S\right)\frac{dn_B}{dp_B} + \left((p_S - c_A)n_B + \varphi_B(n_B) - c_B n_B\right)\frac{dn_S}{dp_S}$$

$$(3-10)$$

用 $p_B p_S / n_B n_S$ 乘以式（3-10）两端，整理后得

$$-\varepsilon_B p_S\left[p_B - c_I + \frac{\varphi_S(n_S)}{n_S} - c_A\right] = -\varepsilon_S p_B\left[(p_S - c_A) + \frac{\varphi_B(n_B)}{n_B} - c_I\right]$$

$$(3-11)$$

其中，$\varepsilon_B = -\frac{\partial n_B}{\partial p_B}\frac{p_B}{n_B}$，是持卡消费者的价格弹性；$\varepsilon_S = -\frac{\partial n_S}{\partial p_S}\frac{p_S}{n_S}$，为商家价格弹性。
式（3-11）可表示成勒纳公式：

$$\frac{p_B - c_I - c_A + \varphi_S(n_S)/n_S}{p_B}\varepsilon_B = \frac{p_S - c_I - c_A + \varphi_B(n_B)/n_B}{p_S}\varepsilon_S \qquad (3-12)$$

为考察交换费的影响，把 $p_B - c_I = -a$，$p_S - c_A = a$ 代入式（3-12）并整理得：

$$a = \frac{p_S \varepsilon_B\left[\varphi_S(n_S)/n_S - c_A\right] - p_B \varepsilon_S\left[\varphi_B(n_B)/n_B - c_I\right]}{p_B \varepsilon_S + p_S \varepsilon_B} \qquad (3-13)$$

式（3-13）意味着，如果持卡人的需求比商户的需求更具弹性，并且如果在均衡状态下商户的平均值与收单行的成本之差相对于持卡人的平均值与发卡行的成本之差更高，补贴将流向市场的发卡方。然而，由于发卡方和收单方分别是完全竞争的，二者的利润仍将为零，此时交换费对发卡行、收单行没有影响。

2. 考察放松 *Baxter* 三个假定的第二、三个假定后的交换费定价问题①。

继续设发卡行和收单行使用卡的成本是 c_I 和 c_A，收单行向发卡行支付的每

---

① 此处参考了 Julian Wright（2002）提出的模型。

笔交易的交换费是 a；假定发卡市场和收单市场完全竞争，则持卡人的费用就是 $p_B = c_I - a$，商户的费用是 $p_S = c_A + a$；令消费者用卡购物，获得的便利（效用）是 b_B。b_B 在消费者中关于区间 $[b_B, \bar{b}_B]$ 连续分布，其密度函数为：$h(b_B)$。当商户接受银行卡购物时，其获得的净收益是 b_S，同样也设定 b_S 在整个行业中是在区间 $[b_S, \bar{b}_S]$ 上连续分布的，其密度函数为 $g(b_S)$。依据上述假设，当且仅当 $b_B \geq p_B$ 时，消费者愿意用卡，如果用卡支付的消费者的比例为 D，这些消费者平均的交易性收益是 β_B，由于 $D = Pr(b_B \geq p_B)$ 与 a 正相关，而 $\beta_B = E[b_B | b_B \geq p_B]$ 与 a 负相关；类似地，当且仅当：

$$b_S \geq b_s^m \equiv p_S - (\beta_B - p_B) = c_I + c_A - \beta_B (隐含着 c_I + c_A \leq b_B + b_S)$$

$$(3 - 14)$$

商家愿意受理银行卡。类似地，商家接受卡的比例为 $S = Pr[\beta_S = E[b_S | b^S \geq b_s^m]$，商户受理卡的平均交易收益为：$\beta_S = E[|b_S| b_S \geq b_s^m]$。

下面考察福利最大化的交换费。在消费者需求非弹性假定下，总的社会福利为：

$$W = \int_{P_B b_s^m}^{\bar{b}_B \bar{b}_S} (b_B + b_S - c_I - c_A) g(b_S) h(b_B) db_S db_B \qquad (3 - 15)$$

福利最大化的交换费使得商户的费用与受理卡的商户获得的平均交易收益相等：

$$a^* = \beta_S - c_A \qquad (3 - 16)$$

这一结果可通过将式（3-14）代入式（3-15），并求 W 关于交换费的导数，令其等于零（利润最大化的一阶条件）获得。保证式（3-16）具有唯一解的充分条件是 $d\beta_S / da < 1$；而福利最大化解的充分条件是：

$$E(b_B) + \bar{b}_S > c_I + c_A; \qquad \bar{b}_B + E(b_S) > c_I + c_A;$$

$$\underline{b}_B + \bar{b}_S \leq c_I + c_A; \qquad \bar{b}_B + \underline{b}_S \leq c_I + c_A$$

满足上述条件将排除福利最大化的交换费的边界解。通过设定一个费率结构使福利最大化，可实现联合交易收益超过联合交易成本时持卡消费，反之用现金消费。实践中，商户为吸引客户，更愿意承担比持卡人高的银行卡交易成本。由于商户是策略性的，即商户之间为争取持卡消费者而竞争，所有利润由发卡方取得，因此，利润最大化的交换费也是所有商家都愿意受理卡的最高交换费。这种情况在吸引信用卡持卡人方面表现得比较明显。如商户通过采用降低交易成本或通过积分奖励的策略，引诱消费者不时地支出超过他们事先预计的金额，则商户由于销售额扩大也受到激励。

3.1.2.2　垄断条件下的交换费与价格成本边际

在现实中，有的银行卡市场或多功能储值卡市场往往表现为某种程度的垄断市场。大的银行或储值卡发行机构利用账户外部性使其在发卡市场或收单市场占据绝对份额。

1. 双边垄断系统。为说明垄断条件下卡市场的定价问题，先假设发卡方和收单方分别处于垄断状态。如果垄断者双方确定的交换费为 a，则发卡市场和收单市场的垄断利润分别为：

$$\pi_B = [\phi_B(n_B) - c_I + a]n_B n_S \tag{3-17}$$

$$\pi_S = [\phi_S(n_S) - c_A - a]n_S n_B \tag{3-18}$$

垄断的发卡者将 n_S 视为给定，而垄断的收单行将 n_B 视为给定，利用 $\phi_B(n_B) = p_B$，$\phi_S(n_S) = p_S$，利润最大化的一阶条件使下列价格等式成立。

$$p_B = c_I - a - \phi'_B(n_B)n_B \tag{3-19}$$

$$p_S = c_A + a - \phi'_S(n_S)n_S \tag{3-20}$$

或用勒纳公式可表示为：

$$\frac{p_B - c_I + a}{p_B} = \frac{1}{\varepsilon_B}, \quad \frac{p_S - c_A - a}{p_S} = \frac{1}{\varepsilon_S} \tag{3-21}$$

由于发卡市场和收单市场分别处于垄断状态，在交换费为正常数时，发卡市场的需求弹性比没有交换费时要大，而收单市场的弹性要小于没有交换费时的弹性。交换费的增加更有利于发卡方和持卡人。垄断者高于边际成本定价，不能取得社会最优。

2. 独家垄断的专有网络系统。发卡和收单由一家企业垄断，其利润等于两家企业分别垄断发卡和收单时的利润之和。此时交换费没有必要存在：

$$\pi = [\phi_B(n_B) - c_I]n_B n_S + [\phi_S(n_S) - c_S]n_B n_S \tag{3-22}$$

将上式分别对 n_B、n_S 进行求导，并代入 $p_B = \phi_B(n_B)$，$p_S = \phi_S(n_S)$ 得利润最大化的一阶条件：

$$p_B + p_S - c_I - c_A = -\phi'_B(n_B)n_B - \phi'_S(n_S)n_S \tag{3-23}$$

考虑到垄断者在每笔交易中都发生 p_B、p_S、c_I、c_A，其价格和成本均具有可加性。即当垄断者考虑在市场的一边增加一个单位生产时，其边际成本将是$c_I + c_A$，而边际收入为$p_B + p_S$，包含了市场两端额外销售所产生的全部收益。将式（3 - 23）用勒纳指数的形式表示：

$$\frac{p_B + p_S - c_I - c_A}{p_B} = \frac{1}{\varepsilon_B}; \quad \frac{p_B + p_S - c_I - c_A}{p_S} = \frac{1}{\varepsilon_S} \quad (3 - 24)$$

式（3 - 24）表示，垄断市场中任何一边的需求弹性涵盖了市场另一边的净利润；市场两端的价格之比等于其弹性之比，弹性较小的一边勒纳指数（或价格成本边际）也较高。再次比较一下双边分别垄断和专有系统在成本加成上的区别，将式（3 - 19）和式（3 - 20）相加得到：

$$p_B + p_S - c_I - c_A = - \left[\phi'_B(n_B) n_B + \phi'_S(n_S) n_S \right] \quad (3 - 25)$$

式（3 - 25）与式（3 - 23）的主要不同在于，如果给定n_B和n_S，价格也相同，则双边分别垄断条件下成本加成是专有系统条件下成本加成的 2 倍。但Bergman（2005）认为，通常情况下，n_B和n_S在两类市场上的结构是有区别的。例如，如果φ'对于 B（持卡消费者）和 S（受理卡的商户）是恒定的，如果专用网络中的价格较低，则卡交易数量就较高。因此，$-\phi_B(n_B) n_B$或$-\phi_S(n_S) n_S$较之双边垄断情形下会增加，意味着专有系统中价格成本边际的和会高于双边垄断条件下价格成本边际之和的二分之一。Bergman（2005）[①] 证明了，专有网络的价格成本边际是双边垄断的总价格成本边际的2/3。其证明过程如下：设反需求函数为线性，并有如下形式：

$p_i = \phi_i(n_i) = a_i - b_i n_i$（$i = B, S$），将此式代入式（3 - 23）和式（3 - 25）。在专用网络系统中：

$$p_B + p_S - c_I - c_A = a_B + a_S - b_B n_B - b_S n_S - c_I - c_A$$
$$= a_B + a_S + \phi'_B(n_B) n_B + \phi'_S(n_S) n_S - c_I - c_A$$

从而，有

$$p_B + p_S - c_I - c_A = \frac{a_B + a_S - c_I - c_A}{3} \quad (3 - 26)$$

按同样的方式，在双边垄断系统中有

---

① Mats A. Bergman：Two - Sided Network Effects, Bank Interchange Fees, and the Allocation of Fixed Costs, 2005, www. riskbank. se.

$$p_B + p_S - c_I - c_A = \frac{a_B + a_S - c_I - c_A}{2} \qquad (3-27)$$

由此得出的结论是：专用网络（独家垄断）比双边垄断给垄断企业带来的利润要高。

3. 只有一边垄断的系统。假设双边市场中只有其中一边处于垄断状态，如发卡端垄断。另一端（收单方）则处于竞争状态。同时，先假设交换费仍为零。作为垄断者的发卡者的利润函数为

$$\pi_I = \left[\phi_B(n_B) - c_I\right]n_B n_S \qquad (3-28)$$

再设收单方的数量为给定（如交换费为零，则可认为对发卡方无影响），价格 $p_B = \phi_B(n_B)$，发卡方利润最大化的一阶条件：

$$p_B = c_I - \phi'_B(n_B)n_B \qquad (3-29)$$

由于收单市场为完全竞争，价格等于边际成本，即：$p_S = c_A$

同样，令垄断的发卡方的需求函数为：$p_B = a_B - b_B n_B$，则 $\phi'_B(n_B) = -b_B$

垄断的价格成本边际（价格加成）：

$$p_B - c_I = -\phi'_B(n_B)n_B = a_B - b_B n_B - c_I$$
$$= a_B + \phi'_B(n_B)n_B - c_I$$

进一步有

$$p_B + p_S - c_I - c_A = \frac{a_B - c_I}{2} \qquad (3-30)$$

放松交换费为零的假定，如果发卡方对收单市场有影响，发卡方要求收交换费，这时商户面临的价格是 $p_S = c_A + a$。若垄断者仍维护定价不变，式（3-29）仍然成立。

$$p_B + p_S - c_I - c_A = \frac{a_B - c_I + 2a}{2} \qquad (3-31)$$

若垄断者收取的交换费用于补贴持卡人，则式（3-28）变为

$$\pi_I = (\phi_B(n_B) - c_I + a)n_B n_S \qquad (3-32)$$

利润最大化的价格也转化为

$$p_B = c_I - a - \phi'_B(n_B)n_B \qquad (3-33)$$

这一价格明显低于式（3-29），且交换费对价格的影响为负

$$p_B + p_S - c_I - c_A = -\phi'_B(n_B)n_B \qquad (3-34)$$

式（3-34）与式（3-23）的形式完全相同，说明在一边垄断的情况下，

系统所获得的价格成本边际至少与独家垄断的系统的价格成本边际一样高，且发卡者的成本完全转嫁给了商户。垄断者是采用式（3－29）定价还是采用式（3－33）定价，取决于 P_B 与消费者持卡消费的收益之间的比较，由于 φ_B^1 受价格的影响，所以，垄断者最终定价由下式决定

$$p_B = \max(c_I - \phi'_{B1}(n_{B1})n_{B1}, c_I - a - \phi'_{B2}(n_{B2})n_{B2}) \qquad (3-35)$$

从以上论证可以得出的基本结论是：总体上，建立交换费机制后所获得的社会最优价格和社会最优交换费要比完全竞争的无交换费的福利水平高。完全竞争状态并建立交换费的机制下，社会福利水平比专有网络系统中的福利水平以及完全竞争状态下无交换费的社会福利水平高。竞争且无交换费的福利可能高于也可能低于专有系统中的福利。双边垄断下的福利水平低于专有系统中的福利水平。在无交换费的前提下，单边垄断（发卡方垄断）状态的福利水平高于双边垄断，也高于完全竞争。在银行卡跨行交易信息转接网络只有一家垄断的状态下，虽然发卡市场和收单市场均可以是完全竞争的，但跨行信息的转接及清算服务费用由银行卡跨行支付服务公司（机构）确定并构成交换费的一部分，由商家承担。由于缺乏网络之间的竞争，信息转接费的确定具有垄断性，各利益相关方通过合作博弈形成的利益分配格局比较稳定，不易被打破。

3.1.2.3 交换费按笔收取与按交易金额的一定比例收取比较

以上关于交换费定价的讨论均基于一个固定值 a，即每笔交易收取固定的费用，而与所购商品的价格（p_g）无关。在卡支付网络交易中，如果不考虑交易资金的风险问题，如欺诈风险、信用风险、失窃风险以及流动性风险等，则每笔交易中网络提供者、发卡方、收单方、商户、持卡人所付出的可变成本应当是变动极小的，在一定时期内，如不发生技术更新，可被视作一个稳定的值。按笔收取交换费反映了这种特性。尽管不同的行业平均利润水平不同，如百货商场的平均利润率可能会低于旅游业中的平均利润率，餐饮业中的平均利润率也会高于百货商场，但如果卡交易的机制相同，从而交易成本平均说来是相同的，则按照成本定价原则确定交换费可能是合理的。

但是，按照交易金额的一定比例收取交换费则会带来不同的价格成本边际。为说明这一问题，令 $G = kp_g$，其中 k 代表按交易金额收取交换费的比例，G 代表单笔交换费，p_g 为商品售价。G 的期望值为

$$E[G] = E[kP_g] = kE[P_g] = k\frac{1}{n_B n_S}\sum_{i=1}^{n_B}\sum_{j=1}^{n_S}p_g^{ij} \qquad (3-36)$$

同时，假设一个行业利润率 γ，并且不考虑受理卡产生的固定成本的影响。

当 $\gamma E[p_g] = b_S \geqslant (E[G] + c_A)$ 时，受理银行卡仍有利可图。再比较 $E[G]$ 和 a（a 是按笔收取的金额固定的社会最优交换费），如果 $E[G] > a$，并且 $\gamma \sum p_g \geqslant \sum (kp_g + c_A)$ 仍然成立，则银行卡系统倾向于按交易额的比例收交换费。这时利润最大化的交换费与社会最优交换费是一致的。如果 $E[G] > a$，并且 $\gamma \sum p_g < \sum (kp_g + c_A)$，这时利润最大化的交换费与社会最优交换费相冲突，利润最大化的交换费高于社会最优交换费，商家可能会退出银行卡受理市场，只接受现金支付。反之，如果 $E[G] < a$，并且 $\gamma \sum p_g \geqslant \sum (kp_g + c_A)$，按交易额的比例收取交换费能够达到社会最优水平，当等号成立时也达到了利润最大化水平。

为保证按交易金额的比例收取的交换费使利润最大化与社会最优相一致，达到银行卡市场的规模效益，应根据不同行业的利润率 γ 相应调整 k 的值，即银行卡定价须按行业收取差别交换费，使得 $E[kp_g] = a$，且 $\gamma \sum p_g \geqslant \sum (kp_g + c_A)$。

实践中，许多国家或地区对信用卡和借记卡交换费的收取采取不同的策略。信用卡交换费一般按照交易金额的一定比例收取；而借记卡的交换费在有些国家按笔收取，有些国家按交易金额的一定比例收取。产生这种区别的主要原因是信用卡比借记卡的违约风险大，发卡银行需要利用交换费吸收一部分风险。当交换费随着单笔交易金额的扩大而提高时，发卡方受到的激励会明显增强。这有可能导致发卡市场的过分竞争，从而出现银行卡的过量发行。由于收单市场受到的激励偏弱，加之交换费的提高加大了商家的成本负担，银行卡受理市场的发展会更加滞后。

矫正这种市场扭曲的可行措施至少有两个方面：一是改变交换费的收费方式，用每笔交易收取固定费用取代按每笔交易金额的一定比例收费，控制商家受理成本。二是调整发卡市场和收单市场的费率结构，在降低发卡方收益分成的同时，提高收单方收益比例。三是促进发卡方定价竞争，允许发卡行自主确定交换费的收费方式及比例。四是将信用卡与借记卡的收费方式相区分。

3.1.3　双边市场定价模型——引入系统成本

与其他网络系统一样，银行卡网络系统也存在固定成本。而固定成本的分摊方式对交换费的定价具有影响。固定成本要么以固定费用的形式，要么以可变费用的形式进行分配，也可以是二者的结合。Bergman（2005）认为，原则上，可变成本也可以含在固定费用之中。例如，通过设置很高的年费，给参与者利用该系统进行任意数量的免费交易。但是如果总的可变成本占系统总成本很大的比例，则这些成本以可变费用的形式分配给参与者更为可行。否则就会引起某一些银行向另外一些银行进行补贴的实际后果。

为讨论银行卡网络系统固定成本的分摊问题，设发卡行的数量为 I，系统的固定成本为 F，假定 F 只在发卡行之间分配。如果固定成本按交易量进行比例分配，则发卡端每笔交易的边际成本为 $C_I - a + F/(n_B n_S)$，每一发卡行的总成本为 $n_{Bi} n_S [C_I - a + F/(n_B n_S)]$（$i = 1, 2, \cdots, I$）。如果 F 在发卡行之间进行平均分配，而无论发卡行发行的卡的交易量为多少，则边际成本和总成本分别是：$C_I - a$ 和 $n_{Bi} n_S (C_I - a) + F/I$。

在前一种情况下，如果发卡市场和收单市场均处于完全竞争状态，发卡行和收单行设置的价格等于边际成本，这时，即使不考虑交换费（设为 0），边际成本加上按一定比例分配的固定费用也将导致负利润，因此，这种竞争是低效率的。为解决这一问题，在考虑交换费的情况下，且固定成本按交易量进行比例分配，若要达到发卡行的边际利润大于等于零，消费者愿意持卡消费的条件必须满足其收益 $b_{Bi} > C_I - a + F/(n_B n_S)$。持卡消费者占比为

$$P(n_{Bi}) = Pr(b_{Bi} | b_{Bi} \geqslant c_I - a + F/n_B n_S) \qquad (3 - 37)$$

$$n_B = \sum_{i=1}^{I} n_{Bi} = I \cdot n_{Bi}（假定每个发卡行的 C_I 相同）$$

发卡行的定价必须落在区间：$c_I - a + F/n_B n_S \leqslant p_{Bi} \leqslant b_{Bi}$

这种固定成本分配方式可能会造成持卡人的消费意愿不足。发卡方存在着调高交换费的动机，鼓励持卡人持卡消费，进而把成本转嫁到商户。因此，按单笔交易分摊固定成本虽然具有公平性，却可能抑制持卡消费。

在后一种情况下，发卡行的边际成本和总成本分别是：$C_I - a$ 和 $n_{Bi} n_S (C_I - a) + F/I$ 时，消费者愿意持卡消费的条件为

$$b_{Bi} \geqslant c_I - a$$

如果按边际成本定价，持卡消费者的数量应当满足：

$$P(n_{Bi}) = Pr[b_{Bi} | b_{Bi} \geqslant p_{Bi} = c_I - a] \qquad (3 - 38)$$

　　然而，这种情况导致发卡行完全承担了系统固定成本 F/I。交易量小的发卡行向交易量大的发行卡提供补贴。发卡行为转移成本，可能会提高单笔交易收费。采取的方式有三种：一种是提高年费，在数量上等于 $F/(I \times n_{Bi})$，这不利于发卡方；另一种是提高交换费，提高的数量等于 $F/(I \times n_{Bi} n_S)$。显然只有当所有 n_{Bi} 相同，即发卡行具有相同的持卡人数时才会有 $F/(I \times n_{Bi} n_S) = F/(n_B n_S)$，$n_{Bi}$ 在银行间越不平衡，提高交换费的努力越有可能失败。最后一种可能是，提高持卡人单笔费用，即使得：

$$P(n_{Bi}) = Pr[b_{Bi} | b_{Bi} \geq p_{Bi} = c_I - a + F/(I \cdot n_{Bi} n_S)] \qquad (3-39)$$

比较式（3-37）与式（3-39），只有当：$n_B = \sum_{i=1}^{I} n_{Bi} = I \cdot n_{Bi}$ 时，两种固定成本分摊方式是相同的。如果发卡行之间的持卡人数量差异较大，发卡量小的银行的持卡人会承担更大的成本。

　　下面从消费者和商家的异质性考察系统成本分摊的影响。假设消费者在区间 $[\underline{b}_B, \bar{b}_B]$ 上具有连续分布的正密度函数 $h(b_B)$，而商家在 $[\underline{b}_S, \bar{b}_S]$ 上具有连续分布的正密度函数 $g(b_S)$；持卡人的平均交易收益为

$$\beta_B = E[b_B | b_B \geq c_I - a + F/n_B n_S] \qquad (3-40)$$

商家受理银行卡其平均交易收益为

$$\beta_S = E[b_S | b_S \geq b_S^m] \qquad (3-41)$$

则商家和消费者均愿意用卡交易的最低条件应当满足：

$$\beta_B + \beta_S \geq p_B + p_S \qquad (3-42)$$

$$P(n_S) = Pr(b_S | b_S \geq b_S^m) \qquad (3-43)$$

其中，$b_S^m = p_B + p_S - \beta_B$，是使式（3-40）中等号成立的商家最低收益。

　　给定上述条件，并假定消费者需求为线性，则总的福利水平可表示为

$$W = \int_{P_B b_S^m}^{\bar{b}_B \bar{b}_S} (b_B + b_S - c_I + a - F/n_B n_S - c_A - a) g(b_S) h(b_B) db_S db_B$$

$$(3-44)$$

　　当 n_B 或 n_S 足够大，以至每笔交易中固定成本加价可忽略不计时，福利最大化及交换费的确定又回到 Wright（2003）建立在完全竞争条件下并放松 Baxter 的第二、第三个假定后的模型所得出结论上来。然而，如果 $F/n_B n_S$ 与 c_I 在同一个数量级，则福利最大化的交换费将取决于 n_S 和 n_B 以及 F 的值。

在完全竞争条件下，引入系统成本之后，解决社会福利与商业利润之间矛盾的可行办法是通过技术创新降低成本；同时通过向持卡人收取适当的年费吸收一部分固定成本。

3.1.4 双边市场中系统平台间的竞争

卡支付网络平台可分为两种：一种是闭环系统（对应于专有网络），其中，发卡、收单和信息交换都由一家机构承担。第二种是开环系统（对应于开放式网络），发卡、收单、信息转接可分别由不同的机构承担。支付平台之间的竞争有两个方面：一是为争取成员而展开的竞争，二是使用方面的竞争。在第一类竞争中，不同的支付系统设法鼓励尽可能多的使用者成为本系统的成员。在闭环系统中，竞争的目的是让更多的消费者和商家使用该系统。而在开环系统中存在着两层参与者：终端用户和银行等支付服务机构。系统不仅要为银行提供激励，使其成为系统成员；而且作为系统成员的银行还要开展零售业务竞争，为消费者和商家提供支付服务。在开环系统中，系统平台并不直接向终端使用者收费；与此同时，银行也不是必须向消费者提供激励以鼓励消费者购买这个系统平台所接受的支付工具。因为通常情况下，银行给客户提供的是一揽子支付工具，如票据、银行卡、直接转账服务等。与此相关，对于同一笔支付，银行也可能会选择多个支付系统为其服务，如跨行支付系统、票据交换系统、银行卡支付系统、网上支付服务系统等。银行为客户能够提供的支付篮子越大，银行在零售支付服务市场中的竞争能力也就越强。消费者在选择银行时，也会选择能为其提供范围最广、渠道最多、价格最优惠的支付工具组合的银行。开环系统无法直接控制其成员与他们的最终用户之间的市场关系。但如果平台拥有者能够向银行提供激励，让银行使用其系统平台，如按使用量给予银行一定的折扣等，这将鼓励银行建立同样的激励机制吸引最终用户。

3.1.5 关于卡基支付服务市场定价的政策问题

卡市场是一个非常特殊的领域。与卡基支付工具不同的是其他的非现金支付工具，如支票交换市场往往由中央银行或其他政策机构垄断。关于政府或监管当局是否应该干预市场定价的问题，按照经济学经典理论，在基本的市场经济中，政府介入经济的主要理由是市场依靠看不见的手难以达到有效率的均衡，使私人成本和社会成本不一致。如果是公共产品，则价格的确定要通过公开的听证由政府定价。银行卡网络系统平台如果不是政府所有，且产权是清晰的，则没有理由通过公开的听证会定价。但银行卡市场具有明显的外部性和不完全竞争特性。对银行卡定价问题的争论也正是基于这两个基本因素。

在银行卡市场，专有网络存在着网络内部的垄断，但在外部仍存在着竞争，既有来自其他专有网络的竞争，也有来自开放式网络的竞争，其定价权并不具有绝对的垄断性。另外，专有网络面向特殊的客户群体，其价格的确定似乎是一种完全信息博弈均衡。在开放式网络中，虽然网络系统平台可能只有一家，但网络的成员可能有很多，这些成员既可能是发卡行也可能是收单行，或兼具二者。由于银行卡定价问题事关发卡行、收单行、消费者、商家和系统平台所有者，因而，对于顾客群体而言（持卡人和商家），社会最优定价依赖于价格的需求弹性、间接网络外部性、提供产品或服务企业的边际成本，发卡方、收单方、商家各自之间的竞争，竞争性支付网络系统平台之间的价格扭曲程度，以及其他因素。交换费的确定还和固定成本相联系，与替代性支付工具如现金、支票、银行卡之间的竞争相联系。可见，交换费的确定不能仅从成本的角度考虑；也不能认为由行业协会进行交换费的集中定价就一定好于、坏于或等于社会最优交换费。

一般而言，政府在干预市场定价时，倾向于市场主体基于成本定价。但基于成本定价未必是社会最优的，在交换费的确定方面尤其如此。如果认为目前定价过高，希望降低到某个特定的水平，也未必会改进社会福利。首先，成本的测算是一件非常难的任务，因为这些成本不仅包括有形的成本，还包括无形的机会成本。其次，交换费和其他费用是一种此消彼长的关系，较低的交换费给商家带来利益的同时也给发卡方增加成本，这种增加的成本会转嫁到持卡人那里。在持卡人存在异质性的情况下，费用的提高会减少刷卡量，进一步造成商家销量的减少。实践中，应该遵循市场参与各方认可的原则，由市场参与各方通过讨价还价来确定价格。

3.2 基于互联网的支付服务市场定价

基于互联网的电子支付与传统网络环境下的支付有较大的差异。传统的银行卡网络或票据网络环境是相对封闭的,具有专属性。网络平台的所有者或运行者投入的固定成本高,如报文标准设计和采用、安全等级保护、防火墙、路由、前置系统、带宽设定方面需要大量的投入。而互联网上的支付平台省却了传统网络基础设施建设中的大部分投入,统一采用互联网及其通用协议(TCP/IP)、密钥体系、第三方认证技术。同时,互联网支付是为适应电子商务和网络银行的发展而产生发展的,具有很强的附属性。为解决互联网上交易双方非面对面造成的不信任问题,支付服务提供者通过为客户开设担保账户(也称网络支付账户)的方式,就可实现传统网络中同一银行内的客户间支付。非金融支付服务提供者只需要开发一些接口软件,与商业银行网银系统对接,就可实现跨行网络支付账户之间的资金转移乃至清算。网络支付账户的资金通常来源于客户的网银账户,资金的转入和转出成本低、效率高,加之网络支付服务与电子商务紧密结合能够充分发挥网络正外部性和正反馈效应,带来巨大的客户黏性和规模经济,这使得基于互联网的支付服务市场定价很难具有独立性。为此,基于互联网支付的市场定价要在相关的价值链中完成。

当一种产品对用户的价值随着采用相同的产品或可兼容产品的用户增加而增大时,就出现了网络外部性。网络用户得到的价值包括自有价值和协同价值。前者是在没有其他用户的情况下产品本身所具有的那部分价值。而后者即协同价值,是新的用户增加使所有已加入该网络的用户从中获得的额外价值,即效用增量,或称净价值增量。网络外部性产生的主要原因是网络自身的系统性和网络内部信息交流的交互性。系统性意味着,无论网络如何向外延伸,也不论新增多少个网络节点,它们都将成为网络的一部分,同原网络结成一体,整个网络都将因规模的扩大而受益。交互性意味着在网络系统中,用户(或消费者)之间的行为是相互影响的。一个消费者的购买行为,在很大程度上决定于其他消费者是否已经购买或使用了这些产品或服务。

网络外部性主要体现在其协同价值上,这种价值主要决定于需求方,即网络用户数和使用量的增加。网络外部性理论特别关注引入兼容性标准方面的激励。在信息化网络系统中,所有的网络使用者或参与者要达到完全的交互,必须具有统一的信息技术标准。从一种统一的标准转换到另一种标准存在着转换成本,消费者或生产者可能会发现,转换到新的技术标准很昂贵。因为参与者已经为现存标准进行了大量的投资,包括资本金的到位和人力资本的储备。因而与采用新标准带来的现实的和预期的收益相比，再培训和再投资的成本就成为阻碍创新技术采用的力量，而较慢地采用新技术标准可能更经济有效[①]；新技术的采用还需要网络经济中参与各方的密切协作，协作失败无疑也会阻止新技术被经济有效地采纳。网络外部性的另一个重要表现是参与者广泛使用同一个系统或平台。这样一个已经存在的、基于较低技术基础的平台是潜在地阻碍新技术采纳的重要因素。在银行卡网络中，买者（持卡人）和卖者（商户等）支付不同的参与费和交易费。其中，商业收费是通过发卡机构向零售商收费、银行卡受理商向系统平台付交换费进行的。这种收费结构对平台的使用具有非常重要的影响，特别是存在平台之间竞争的情况下。

基于互联网的支付体系是一种双结（two-tier）或双层结构体系，上层是跨银行业支付服务网络系统，这个网络系统中的重要因素必须让所有银行共享，以便银行提供给单个客户的一揽子支付服务能够保证该客户与来自其他所有银行的客户相互之间进行往来支付。双层结构的下层是由单个商业银行建设和运行的行内支付系统，这类系统在为本行客户之间的交易提供支付服务的同时，也为其他银行客户与本行客户之间的交易支付提供代理服务。

3.2.1 基于单一网络银行的支付服务定价

假定，通过互联网进行交易的买卖双方均是银行的客户。每一客户都会从相互竞争的许多家银行中选择一家银行获取交易服务。假设选择某一家特定银行的客户数量是这家银行所提供的交易服务价格和质量的线性函数，即客户数量与服务价格线性负相关，而与服务质量线性正相关。如果在某一经济中处于垄断竞争状态的银行业数量有限，比如，为 K。再假定潜在的客户数在一定时期内变化不大或可认为固定。客户选择哪家银行持有其支付账户，取决于服务的质量以及一定时期内银行提供的全部一揽子交易服务的总收费价格，包括直接的支付服务收费和间接的收费，如对交易账户资金不付利息、转移到替代服务提供者的转换成本等。其中服务质量包括服务的效率（便利性）和安全性，这又取决于技术的先进性。转换成本可用带有参数 m 的线性需求函数表示，m 涵

---

① 典型的事例是中国银行卡从磁条卡向 IC 卡的转换。由于多数银行认为从磁条卡向 IC 卡过渡花费的代价高于伪造、盗窃等犯罪带来的损失，导致 IC 卡的推广缓慢。

盖了为应对价格和服务质量方面的变化而转换银行的客户规模，转换成本越高，m 的值越小。在银行客户群（或客户规模）标准化为 1 的前提下，m 的值也介于 0 和 1 之间。

假设经济在 $T=0$ 时银行作出投资决定（意指在多大程度上改进服务质量，降低交易服务成本）；$t=1$ 期开始，个人决定选择哪家银行为其服务。之后进行支付交易服务并收取一揽子支付服务费。首先仅考虑现存支付工具质量提高方面的投资，不考虑新的支付工具的采用，从而可以忽略支付工具的选择问题和不同支付平台之间的竞争；对于使用相同支付工具的客户收取相同的费用。

K 家银行分别用 $k=1$，2，$\cdots$，K 表示，它们处于垄断竞争环境中。银行 k 为一揽子交易服务收费的价格为 p_k，将银行 k 选为服务提供者的客户数量为 n_k。假设银行 k 为每家客户提供交易服务的边际成本为 c_k，银行支付服务的固定成本为 F_k。这样，银行利润可表示为

$$\pi_k = n_k(p_k - c_k) - F_k \qquad (3-45)$$

假设客户数量 n_k 是由银行 k 提供的服务质量和价格线性函数，且依赖于所有其他银行提供的服务价格和质量（p_i 和 q_i，$i=1$，$\cdots$，$k-1$，$k+1$，$\cdots$，K）。令服务质量用 q 表示。

$$n_k = K^{-1} + m\left[(q_k - \bar{q}_k) - (p_k - \bar{p}_k)\right] \qquad (3-46)$$

式（3-46）中，$\bar{q}_k = \sum_{i \neq k} q_i/(K-1)$，$\bar{p}_k = \sum_{i \neq k} p_i/(K-1)$，需求的自价格弹性和交叉价格弹性分别为 mp_k/n_k，$-mp_i/n_k$。而且 $\sum_k n_k = 1$

将式（3-46）改写为

$$n_k = \frac{1}{K} + m\left[(q_k - \bar{q}_k) + (\bar{p}_k - c_k) - (p_k - c_k)\right] \qquad (3-47)$$

那么，利润最大化的均衡定价条件就是：

$$\frac{\partial \pi_k}{\partial p_k} = 0, 即 \ p_k^* - c_k = \frac{1}{2m}\left(\frac{1}{K} + m\left[(q_k - \bar{q}_k) + (\bar{p}_k - c_k)\right]\right) \qquad (3-48)$$

均衡的市场份额和利润分别为

$$n_k^* = \frac{1}{2}\left(\frac{1}{K} + m\left[(q_k - \bar{q}_k) + (\bar{p}_k - c_k)\right]\right) \qquad (3-49)$$

$$\pi_k^* = \frac{1}{4m}\left(\frac{1}{K} + m\left[(q_k - \bar{q}_k) + (\bar{p}_k - c_k)\right]\right)^2 - F_k \qquad (3-50)$$

现在加入衡量服务质量的效率、安全性和技术因素。支付领域的服务质量可由服务的效率和安全性来归纳，而效率的提高和安全性的改善需要引入新的技术或新的生产组合。银行业支付服务质量的提高，应该兼具效率与安全两方面的特征。但是，在支付领域，包括现金在内的不同支付方式，在效率与安全方面存在此消彼长的关系。例如，现金支付的效率最高，但现金的安全性较差；票据等纸基支付工具在支付与结算之间有一定的时间间隔，而且需要引入清算机制，因此，其效率要低于现金支付，但金额较大的交易用纸基工具进行支付更安全；电子支付的效率介于现金与纸基支付之间，其安全性取决于技术因素。在考虑效率与安全因素对服务质量的影响时，可引用科布—道格拉斯函数。令银行业的技术创新用 a_k 表示，效率用 e_k 表示，安全因素用 s_k 表示，服务成本仍为 c_k，再令 $0 < \alpha < 1$，则银行服务质量函数可表示为

$$q_k = a_k e_k^\alpha s_k^{1-\alpha} \tag{3 - 51}$$

将式（3-51）代入式（3-47），并分别求 e_k、s_k 关于 π_k 最大化的微分：

$$n_k = \frac{1}{K} + m\left[(a_k e_k^\alpha s_k^{1-\alpha} - \bar{q}_k) + (\bar{p}_k - c_k) - (p_k - c_k) \right] \tag{3 - 52}$$

$$e_k \frac{\partial \pi_k}{\partial e_k} = (p_k - c_k)\alpha m q_k \tag{3 - 53}$$

$$s_k \frac{\partial \pi_k}{\partial s_k} = (p_k - c_k)(1 - \alpha) m q_k \tag{3 - 54}$$

用式（3-53）除以式（3-54）得

$$e_k \frac{\partial \pi_k}{\partial e_k} \bigg/ s_k \frac{\partial \pi_k}{\partial s_k} = \frac{\alpha}{1 - \alpha} \tag{3 - 55}$$

式（3-55）表示，当银行引入一项技术创新时，如果该技术对提高支付服务效率贡献更大，即如果 $\alpha > 0.5$，则效率敏感型支付方式更易获得推广。在银行利润增长的同时，客户也会得到更便捷的服务；与此同时，新技术的应用也可以使支付的安全性有所提高。如果一项技术创新对支付服务更倾向于安全性能的提高，即 $1 - \alpha > 0.5$，由于安全性的提高使客户更易接受此类支付服务，则安全敏感型支付技术更易获得推广。

3.2.2　基于网络支付账户外部性的创新与定价

网络支付账户是为解决网络电子商务中的不信任问题而产生的。为网络电

子商务提供网络支付服务的机构，其账户外部性依赖于其所服务的商户和消费者群体规模。支付服务提供者试图通过对其自身网络服务低收费来扩大市场份额，并对跨网络服务收取较高的转接费用，藉以提高其他银行为本机构客户提供服务的成本。为了揭示账户外部性，姑且把整个市场的客户数标准化为 1，n_k 为网络支付机构 k 自身的支付账户客户，$1 - n_k$ 是设在支付机构 k 开设账户为其提供跨行服务的其他银行的客户。支付机构 k 所提供的总体服务质量 q_k 是其为内部客户之间的交易服务 q_{kk} 与跨行交易服务质量 q_{ki} 的均值。即

$$q_k = n_k q_{kk} + (1 - n_k) q_{ki}$$

其中，$q_{kk} > q_k > q_{ki}$，即纯粹的行内交易服务质量高于总体平均服务质量，后者又好于跨行交易支付服务。这时，支付机构 k 的市场份额由下式给出：

$$n_k = \frac{1/K + m[(q_{ki} - \bar{q_k}) - (p_k - \bar{p_k})]}{1 - m(q_{kk} - q_{ki})} \qquad (3-56)$$

式（3-56）来源于将式（3-46）中的 q_k 替换为 $q_k = n_k q_{kk} + (1 - n_k) q_{ki}$，由此可得利润最大化的均衡定价：

$$p_k^* - c_k = \frac{1}{2m}\left(\frac{1}{K} + m[(q_{ki} - \bar{q_k}) + (\bar{p_k} - c_k)]\right) \qquad (3-57)$$

均衡市场份额和利润变化为

$$n_k^* = \frac{1}{2} \frac{1/K + m[(q_{ki} - \bar{q_k}) + (\bar{p_k} - c_k)]}{1 - m(q_{kk} - q_{ki})} \qquad (3-58)$$

$$\pi_k^* = \frac{1}{4m} \frac{(1/K + m[(q_{ki} - \bar{q_k}) + (\bar{p_k} - c_k)])^2}{1 - m(q_{kk} - q_{ki})} - F_k \qquad (3-59)$$

以上可以得出，为争夺市场份额而进行竞争从而产生额外的激励，导致均衡价格边际（售价与成本的差）的下降。比较式（3-57）与式（3-48），由于根据假定，有 $q_{ki} < q_k < q_{kk}$，从而式（3-57）的右边小于式（3-48）。

再比较式（3-58）与式（3-49），式（3-59）与式（3-50）。假定 $q_{ki} = q_k < q_{kk}$，考虑到 $0 \leq m(q_{kk} - q_{ki}) < 1$，说明在有账户外部性的影响和没有账户外部性的影响两种情况下，账户外部性使开设网络支付账户的支付机构的市场份额增加，收益也增加。

现在进一步讨论，在 $t = 0$ 期机构 k 投入 I 可能产生的收益：或者是使该机构在 $t = 1$ 期的服务成本减少 Δc_k，或者使该机构提供的行内服务质量的提高 Δq_{kk}。对于第一种情况，支付机构 k 须满足如下条件：

$$\frac{\Delta c_k}{4} \frac{m\Delta c_k + 2(1/k + m[(q_{ki} - \bar{q}_k) + (\bar{p}_k - c_k)])}{1 - m(q_{kk} - q_{ki})} > I \qquad (3-60)$$

式（3-60）的左边是用（$c_k - \Delta c_k$）替代 c_k 后得到的最大化利润与式（3-59）的差。支付机构利用账户外部性吸引新的客户加入，导致服务成本减少量 Δc_k 对市场份额和盈利能力产生更强的影响。对于通过增加投资改进内部服务质量的情况，与降低成本的效果不同的是，改进服务质量能够扩大市场份额。无论增加利润还是扩大市场份额，都使得开设支付账户的网络支付机构存在正向激励。

上述分析把单个银行或支付服务机构提供支付服务的价格 p_k 作为其提供一揽子服务的总体价格纳入模型之中，基于以下前提：第一，任何客户在银行或支付机构开立账户并接受支付服务，是银行或支付机构提供的各类服务的一个组成部分。客户对支付服务的总体需求相对于某个单项支付服务的价格弹性系数很小。第二，网络支付业务的增长促进了客户备付金（活期存款）的增加，是支付服务机构或银行扩大投资资金来源的一个重要渠道，支付服务价格的竞争主要基于总体的服务质量和服务成本。同时由于银行一般对活期存款不付利息或利率很低，因而利率与服务价格之间的关联性可以忽略。

3.3　互联网和移动互联网支付：新核心价值链的形成与发展

正如第一章所揭示的，非现金支付体系需要账户、支付工具、支付渠道（系统）、支付终端来支撑，跨系统的支付需要相应的转接清算网络支持。在互联网和移动互联支付环境下，电子账户、电子终端、电子支付工具与支付渠道发生了各种形式的组合变化，这种变化主要表现为三个特点。

1. 银行特许权价值（吸收存款并开立账户的特权）与第三方支付服务提供商的技术创新相结合，使商流、信息流、资金流实现密切关联，造成银行特许价值向非金融支付服务提供商转移，如快捷支付、支付账户支付所表现出的情形。银行的角色被迫退化为后台服务，消费者或商家的交易支付信息更多地由第三方服务提供商所掌握，这为第三方机构从事大数据、云计算、征信服务提供了可能。

2. 互联网平台为支付系统间的互联、直通式处理提供了强大支撑，不仅支

85

付系统间境内的互联变得容易，跨境互联的成本也大大降低，这也使支付技术标准化成为平滑支付的前提。

3. 点对点支付将成为零售支付的主要趋向。资金发出方和资金接收方均可处于移动、对等状态。

正是这三个特点，决定了互联网环境下支付体系新核心价值链的形成与发展，并引发货币、支付、流动性的革命。

根据第 1 章，与支付体系相关的 6 个面分别为：CMPB，市场主体；ABCI&APCI，支付工具（货币）发行市场；STMP&STMB，受理市场；CMTI，商品（物流）市场；ASTI，支付流；ABPS，资金流。在支付工具（货币）的发行市场，除传统的由中央银行、商业银行发行的支付工具（货币）之外，非银行类支付服务机构构建起自身的工具（货币）发行体系。预付卡、电子钱包、电子账户通过电脑、移动终端等，实现工具与终端的融合，使远程收单、远程受理变得简便易行。而工具与终端的一体化又使得支付流和资金流可以在一个闭环内运行。由于物联网技术的大发展，无论人还是物，对个体身份的标注、识别、检测变得简单易行。IPV6.0 是 IPV4.0 可赋指数的 10^{29} 倍！任何一个支付服务机构，一旦具有了为他人开立账户的权利，或者得到他人的认可，就能够发行以其信用为支撑的货币或者支付工具，形成一个支付网络。在这个支付网络中，需要解决几个方面的需求：第一个是对支付标的即货币的认同，法币显然是认同度或可市场化程度最高的货币。第二个是支付的便捷性。便捷性解决了付款人和收款人之间时间上不一致、空间上隔离、偏好上有异质性的问题，其结果是大大降低交易成本。第三个是因客户黏性带来的规模外部性需求。第四个是高信用度。第五个是高流动性。然而，作为非存款类或者非资产类机构，非银行支付机构必须接受银行或其他金融机构的货币注入和足够、及时的流动性支持。在传统的支付体系中，支付网络是由银行和中央银行共同构建的，支付工具局限于票据、现金、银行卡；跨行支付清算必须建立专门网络，并且为了流动性便利，这种网络通常由央行或其特许的机构建设运营，以利于央行最后贷款人职能的发挥。

互联网环境中，由于银行特许权价值的让渡，第三方支付机构实现了与不同银行支付系统间的互联，并保有日常支付所需流动性，使支付变得十分平滑。假定客户备付金不用于投资，而仅用于支付且流动性 L 为 1 ［流动性 L 定义为

(0，1)]，则支付机构从事的跨行资金转移是无风险的。这与传统银行体系中跨行资金清算机制颇为不同。在传统的跨行资金清算安排中，主要的流动性来自清算备付金、来账、授信额度、质押品、资金池等。在净额结算环境中，通过净借记限额来控制流动性。但清算备付金和净借记限额主要靠经验数据，一旦有大的流动性冲击，需要借助中央银行信贷便利。这是由跨行转账实际发生额与备付金不匹配造成的。银行卡清算机构之所以仅需留存极少的备付金，是因为 T + 1 结算、轧差净额结算两个条件决定的。由于支付转账时间的大大缩短、资金匹配速度的大大提高，使跨行资金转移的流动性风险大为降低。在图 3 - 2 中，第三方支付机构搭建的跨行资金转移清算网络，一个特点是，该支付机构在各家合作银行的备付金存款均以自身名义保存，从而形成一个总的备付金池，调用非常方便，支付机构只要在以其名义开立的备付金账户间做轧差、调拨即可。而涉及同一银行内的两个客户间的转账时，备付金总额无须作出调整。既然，第三方支付机构可以在各家合作银行开立备付金账户，通过开发共享平台，

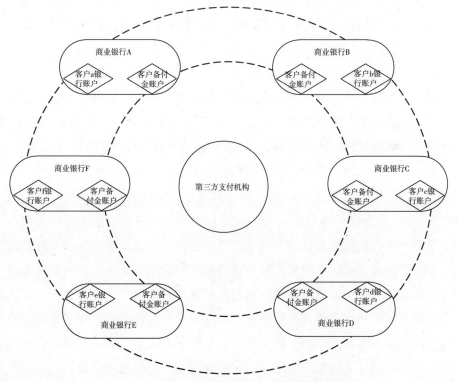

图 3 - 2　第三方支付机构跨行资金转移清算路径

这些备付金账户也可以集中摆放在支付机构提供的共享平台。支付机构利用云服务，建立映射关系，使备付金体系内部化。

然而，问题在于备付金账户能否完全用于支付而不被挪作他用。任何的挪用或非由客户发起的资金转移指令，就会造成流动性不足，一旦有大的外部资金需求冲击，可能引发系统性风险，除非支付机构有足够的变现能力。

关于第二点，即支付系统之间的互联和直通式处理。中央银行可以担当这样的角色，正如中国人民银行建设运行的网上支付跨行清算系统一样。客户端实时到账，银行间通过轧差完成结算。实际上，支付系统间的互联，是把某一个相对封闭的系统开放给其他系统用户，形成一个共同开放的系统。在跨境支付领域，支付系统之间的互联典型案例是持续结算银行（CLS），CLS 的系统通过接入各国中央银行的大额实时支付系统，为 CLS 系统的参与者提供跨币种、跨境、跨行资金交易支付结算服务，覆盖全世界越来越多的金融市场参与机构。在结算模式上，CLS 采取轧差基础上的 PVP 方式，节约流动性的同时防范赫斯塔特风险。这种模式为互联网环境下的跨境、端对端支付提供了借鉴经验。

关于第三点，端对端或点对点支付的发展。现金支付是典型的点对点支付形式。

比特币则是一种点对点的电子现金系统，即在线支付能够直接由一方发起并支付给另外一方，中间不需要经过任何金融机构或第三方机构提供的信用。但比特币网只能交易比特币，而不能交易法币或其他类型的货币。

在互联网环境下，点对点支付能够做得比线下的现金支付效率更高。通常，互联网信息平台由三部分组成：海量端点、通用介质、交互空间（谷虹，2012）。而信息平台很容易演化为资金支付平台。不仅银行之间的网银容易互联，非银行类资金服务系统的互联也变得简便易行。需要的只是技术标准的统一，如接口标准、通信（报文）标准或协议、安全认证标准、防火墙等。这主要是因为货币的电子化或数字化、银行账户这一特许权价值的让渡两个因素导致货币资金转账和信息传递一样便捷。信息平台上的海量端点很容易转化为支付系统中的参与者或客户端。社交平台、商务平台几乎可以在瞬间演化为支付平台。通用介质主要由数字技术、物理传输网络、网络通用传输协议等要素构成，这三个要素正是互联网的特质。交互空间则由内到外，由规则和机制、控制和运算、形态和应用三个层面构筑。在支付系统环境中，主要表现为账户实名制以及如何保证实名制，转账指令的合法性、不可抵赖性，资金转移过程的安全性、不可篡改性，资金数据库的完整性，支付的便捷性、个性化和效率等。点对点支付要克服身份认证、渠道、工具、账户、安全控制、货币记录与保存等方面的局限，既能实现隐私保护，又能防盗、防篡改。RIPPLE 就是这样一种互联网上的点对点支付系统。

图 3-3 描述的第三方跨行支付模式，是把中央银行提供的传统的跨行支付系统，通过资金内部化形成的"准"点对点支付形式。

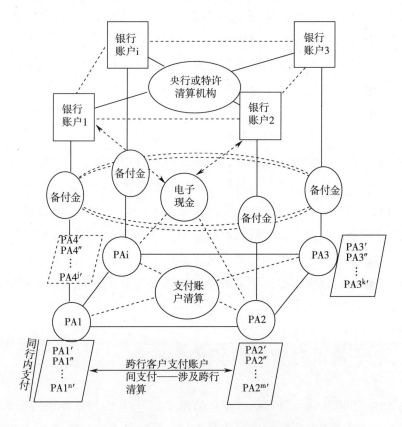

图 3-3　部分第三方支付机构建立的多层网络架构体系

第4章 支付体系发展对货币体系的影响

随着电子支付方式的迅速发展，特别是电子支付系统在日常交易清算中所起的作用不断增大，现金在经济中的作用逐渐下降。而与此同时，电子化支付方式繁荣使得数字化、信息化的电子货币不断繁衍，成为经济金融领域主要的货币存在形式。电子货币是支付工具电子化的产物。电子货币所具有的取代纸通货成为零售支付领域的一种重要支付方式的发展潜力，以及能够在世界范围内流通的特性，越来越引起政策制定者、学术界和媒体的高度重视。围绕电子货币的发展所带来的主要问题包括：传统货币被替代的问题，中央银行对货币的控制能力问题，货币政策的有效性问题以及金融体系的稳定问题等。对电子货币的研究不仅是货币经济学的重要研究课题，也是支付体系所面临的一个重要挑战。在传统的金银本位和纸币本位制中，中央银行具有控制实物形态货币的能力，但电子货币的产生和发展，网络银行、电子金融的兴盛使货币的内生性增强，纸币本位制能否在可预见的将来仍然占据主导地位，已成为重要研究领域。

4.1 电子货币对货币政策的影响

从 20 世纪 40 年代布雷顿森林体系的建立到 70 年代初该体系的正式瓦解，是以纸币本位制正式取代金本位制为标志的。各国自主发行的纸币（中央银行券）之所以能够代替黄金成为一般等价物，主要是法律授予中央银行及其发行的银行券以特殊的地位。在新货币经济学看来（Tyler Cowen 和 Randall Kroszner,

1987)①，法律限制是中央银行和纸币本位制存在的主要的和现实的基础。正是由于法律的限制或政府的规定，货币的传统形式（无息通货与零收益、可以支票提取的银行存款）排除了私人部门生产通货的可能，并使中央银行得以保持余额为正值的、低收益或零收益的准备账户。华莱士（1983)② 甚至认为，如果没有这些法规，货币的传统形式将消失。

电子货币的出现，对正式的货币体系和货币制度乃至整个经济金融体系都将带来重要的影响。本节讨论电子货币与货币政策的关系。

4.1.1　电子货币的基本特征

Marco Arnone 和 Luca Bandiera（2004）在给国际货币基金组织的工作报告③中引用了欧洲中央银行给出的电子货币的一个定义和其范围："电子货币是在一个技术器件上贮存的电子形式的货币价值，这种技术器件无须发行者承诺就可广泛地用于支付，它也无须与交易中的银行账户有关联，但它是一种预付空头工具"；电子货币有三种主要类型：电子现金、网络货币和存取产品。电子现金包括可充值的电子钱包和多用途储值卡。网络货币定义为可用于通过通信网络进行支付的存贮于软件产品中的资金。存取产品允许代理人访问他们的银行账户并转移资金。

电子货币机制具有三种明显的特征：（1）技术的实现要求计算机、信息网络以及相应的软件产品；（2）电子货币构成发行者资产负债表中的债务；（3）资金的转移在某种程度上受到限制：从消费者向商家转移或者由发行者赎回都比较直接、容易，但是从消费者向消费者的转移很少见；（4）交易的记录很容易（不具完全匿名性），因为发行者控制了内在的价值。

电子货币与信用卡、借记卡、ATM 存取卡等类工具不同的是，后者本身不具有内在价值，但允许所有者或持有者在银行账户之间转移资金，因而和银行账户联系在一起，客户能够自如管理账户资金，如消费、存取现金、转账、信

---

① Tyler Cowen and Randall Kroszner：The Development of the New Monetary Economics，*Journal of Political Economy*，1987，Vol. 95. No. 3.

② 同①。

③ IMF Working Paper：Monetary Policy, Monetary Areas and Financial Development with Electronic Money, Prepared by Marco Arnone and Luca Bandiera, July 2004.

息查询及其他理财功能。而离线电子货币可以匿名转移，与银行账户无必然联系。

电子货币与现钞（纸质或硬币现金）的区别是：现钞是可以无限转移和彻底匿名的，从结算的角度考察是完全无风险的，可以无限制地用于任何种类的交易，这是由于法律赋予了中央银行券作为纸币本位的最高的信用和支付职能。电子货币不一定是中央银行发行的，也不是必须通过中央银行簿记系统进行结算的负债，其使用有一定的范围。发行电子货币的机构可以是银行也可以是非银行机构，而获得电子货币要么需用银行券进行交换，要么需用银行券或银行存款结算。

4.1.2　电子货币对货币政策的影响

4.1.2.1　电子货币对货币供给的影响

传统形式的现金、银行存款作为基本的货币形态，以中央银行发行的通货为基础，流通中的现金和商业银行在中央银行的准备金构成中央银行的负债。流通中现金加活期存款构成基础货币（M1）。按照传统的货币理论，货币的名义供给满足如下等式[1]：

$$M = H \cdot \frac{\dfrac{D}{R}\left(1 + \dfrac{D}{C}\right)}{\dfrac{D}{R} + \dfrac{D}{C}}$$

其中，M 为货币供应量，D 为存款，C 为流通中现金，R 为准备金，H 为高能货币。D/R 表示存款准备率，D/C 为存款通货率，M/H 为货币乘数，可以用 k 表示。$k = M/H = (C + D) / (C + R)$。

根据前述关于电子货币的定义与特征，电子货币构成了发行者资产负债表中的债务。目前，电子货币作为一种私人性的货币，其发行主体既可以是商业银行，也可以是非银行机构。

1. 由商业银行发行电子货币的情形。假定电子货币出商业银行发行，一单位中央银行货币转换为一单位电子货币，且电子货币的赎回权由发行该电子货

---

① 纽曼、米尔盖特、伊特韦尔编，胡坚等译：《新帕尔格雷夫货币金融大辞典》中译本（第三卷），第 252 页，经济科学出版社，2000。

币的商业银行拥有。也有两种可能存在：如果电子货币是用中央银行现金兑换，则中央银行现金被电子现金替代，中央银行现金被回笼。如果电子货币是消费者用存款购买，则这部分存款在转化为电子现金的同时，银行体系的存款量没发生变化，同时电子现金形成了购买力。由于通过发行电子货币收回中央银行货币时无须向电子货币的购买者支付利息，回笼到商业银行的这部分中央银行货币不存在利息支出成本。假定这时的存贷款市场处于均衡，贷款的边际收益等于存款的边际成本。银行用发行电子货币收回的现金转化为贷款，每增加一单位贷款相应增加等值的存款，这可能使贷款的边际收益低于存款的边际成本，导致边际损失。在这种情况下，银行通过发行电子货币收回的中央银行货币可能会使该银行的中央银行货币库存现金增加相应的一个单位。但库存现金没有任何收益，而存在中央银行的准备金具有收益，比如流动性增强和利息收入等，于是中央银行的准备金会增加一个单位。这意味着货币供给没有变化。

如果贷款市场不存在饱和，贷款的边际收益大于存款的边际成本，则商业银行发行电子货币所收回的中央银行货币会贷放出去。设贷款的边际收益为 L_I，存款的边际成本为 L_d，存款准备金率为 r_D，准备金边际收益为 r_I，商业银行发行一单位电子货币的净收益就是：$L_I - L_C + r_D r_I$。就中央银行而言，流通中的中央银行现金减少一单位，存款准备金增加 $r_D \times 1$，央行负债净减少（$-1 \times r_D$）。

上述讨论仅涉及纯货币发行。如果电子货币的持有者进行购买或消费，受理电子货币的商家将会留下电子货币消费记录，并用等额的电子货币到发行银行兑换等值的存款或中央银行货币，则交易的结果只是中央银行货币现金转换为商业银行存款，这属于最普遍意义上的支付行为，等价于一般的现金消费，电子货币只起到信息记录和传递功能。问题在于电子货币的发行与使用不在同一个时点上全部完成，这也正是发行电子货币的益处。电子货币的发行者在向使用者提供支付便利的同时，也得到了提早收回中央银行货币、免予支付利息、稳定的产品销售预期，甚至扩大生产和投资等好处。与此同时，电子货币所固有的预付机制使电子货币持有者在使用过程中产生了消费延迟。电子货币的发行量越大，延迟消费的数量也越大，发行者和商家能够占用的资金也越多。电子货币所对应的消费品库存限额增加，意味着生产规模的扩大。因此，电子货币的发行与流通对整个货币供应产生了不同程度的影响。

首先是对流通中的中央银行券即纸币产生了替代作用。其次是货币的内生化增强，只有在中央银行或货币当局对电子货币要求100％的准备金（准备金为中央银行货币）率情况下，内生货币与外生货币才可能存在一一对应关系，电子货币的内生性才会消失。这时的电子货币只充当支付手段职能。最后是电子货币的内生化在无货币当局控制或干预的条件下，在数量上是难以预测的随机变量。

假设中央银行要求对发行电子货币提取准备金，电子货币的准备金率为 $0 < r_{EM} \leq 1$，并假定中央银行货币与电子货币的比价为1:1，总准备金 $R = r_D D + r_{EM} EM$，电子货币计入狭义货币：

$$M_1 = C + D + EM/r_{EM}，其中 C = C' + EM，C' 为纸质现金和硬币$$

$$H = R + C = r_D D + r_{EM} EM + C$$

货币乘数 $k' = M_1/H = (C' + D + EM/r_{EM})/(r_D D + r_{EM} EM + C)$

显然，对于 $0 < r_{EM} \leq 1$，必定有：$k' \geq k$，只有当 $r_{EM} = 1$ 时，货币乘数与货币供给不变。

2. 由非银行机构发行电子货币并提供产品服务的情形。如果电子货币的发行者是非银行机构，而且该电子货币发行者同时提供用电子货币进行消费的产品（如储值卡），则电子货币的作用取决于它所兑换的现金或存款的使用情况。

若消费者用存款转账的方式购买电子货币，商业银行存款总量不变，而流通中的电子现金增加，并对中央银行发行的现金产生替代作用，并且 C_{EM} 不受中央银行控制。如果 C_{EM} 计入狭义货币，则有：

$$M' = C + D + C_{EM}$$

若消费者用中央银行现金购买电子货币，又有两种情况：（1）电子货币发行者将收到的现金存入银行，则电子货币构成了一种预付款，并取代了一部分流通中的纸质现金；（2）如果发行者将收到的现金立即用于投资、消费或其他的支出，则其结果是基础货币得到了扩张，且使货币供应变得不稳定。

在第（1）种情况下，假定电子货币用 EM 表示，实际上转化为电子现金。设发行电子货币的初始时刻为 $t = 0$。这时流通中的现金仍然未减少，其数量仍为 C。$C = C' + EM$，其中 C' 为中央银行发行的现金。在 $t = 0$ 时流通中的纸现金一部分转化为存款，$D' = D + EM$。

假定存款准备金率为 r，则活期存款最大会增加到 $D + EM/r$；法定存款准备金则会增加到 $r(D + EM)$，建立基础货币增长率函数：

$$g_{M1} = \frac{1}{[1 - \lambda(1 - r)]M_1^{t<0}} \int_0^\infty EM(t)\,dt \qquad (4-1)$$

$$M'_1 = (1 + g_{M1})M_1^{t<0} = C + D + \frac{1}{1 - \lambda(1 - r)} \int_0^\infty EM(t)\,dt \qquad (4-2)$$

在式（4－1）、式（4－2）中，λ 是银行体系中的贷款与存款之比，$0 \leq \lambda \leq 1$，由银行贷款边际收益（L_I）、存款边际成本（L_C）以及准备金边际收益（r_i）共同决定。

$$\lambda = f(L_1, L_C, r, r_i),$$
$$st. \quad L_I - L_C + rr_i \geq 0$$

上式中，r 和 r_i 是外生变量，由中央银行决定。

在第（2）种情况下，假定极端的情形，发行者发行的电子货币所兑换到的传统货币不进入银行体系，而是全部用于现期消费或其他支出，则流通中的现金产生了放大作用，新的货币供应量转变为：

$$M''_1 = C'' + D，其中，流通中现金 C'' = C + EM。 \qquad (4-3)$$

在此基础上，如果向电子货币发行机构销售产品的企业收到中央银行现金后，存入银行，则与第（1）种情形类似。以上两种情况都将使狭义货币供给增长，并具有明显的内生性。

3. 由非银行电子货币发行机构发行多用途储值卡或多用途电子货币。假定电子货币可以在一定的区域或某些行业通用，正如多用途储值卡可用于电话、出租、百货、旅游等这种情形，则必然产生电子货币的流通、赎回等问题。其运作流程如图4－1所示。

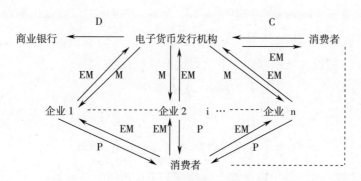

图4－1　电子货币流通渠道

电子货币既可用于 B2B，也可用于 B2C。假设电子货币发行机构最初只向消费者发行电子货币，且该发行机构并不是相关服务的提供者。在图 4 - 1 中，有 n 家企业均接受电子货币支付，并向消费者提供产品或服务，电子货币发行者、相关企业、消费者形成一个相对独立的系统。假设不存在电子货币时，图 4 - 1 中的代理人在一定时期 T 发生的总销售额为 S，用中央银行货币（现金）或商业银行货币支付（利用非现金支付工具进行存款转账或存款变现），货币供应量增长率遵循经典理论中的通胀率与经济增长率之和。

但在电子货币环境下，即使假定消费者的消费规律不变，电子货币发行机构已在 $t \leqslant T$ 期内将与发行的电子货币对等的法币存入银行，而消费者持有的电子货币要在 $T' > T$ 的期间内才花出去。与消费相对等，企业将电子货币形式的收入向电子货币发行者赎回等量的法币（或存款）。这就使货币体系的运行变得复杂。为此，需要建立如下模型：

假设：（1）在图 4 - 1 所示的经济中，电子货币发行机构专门发行电子货币，但不提供该电子货币所能购买的消费品；电子货币只发行给消费者。（2）电子货币的发行量是时间 $t \in (0, \infty)$ 上的连续函数，在时刻 t_0 发售的电子货币量为 EM_0；当 $t = T$ 时发售量为 EM_T。（3）消费者或用银行存款，或用中央银行现金购买电子货币。设用存款购买的比例为 α，用现金购买的比例为 β，$\alpha + \beta = 1$。（4）在某一时期 $t > 0$，消费者用电子货币进行消费，提供相关产品的企业将收到的电子货币兑换为银行存款，企业的销售额为 $S[EM(t)]$。（5）由于延迟消费的原因，在时期 T 内发行的电子货币不可能全部消费，总有剩余，在 $t > T$ 时，才能消费完 T 期内发售的电子货币。而 $T \rightarrow T'$ 过程中又有新的充值，因此总有 $S[EM(t)] < EM_t$。

依据上述假设，可以建立如下货币供给增长方程：

在 $t = 0$ 时，$EM(t_0) = (\alpha + \beta) EM_0$

在单位时期 T，发售的电子货币总量和用电子货币消费的产品金额分别为

$$EM_T = \int_0^T EM(t) \, dt \ \text{和} \ S(T) = \int_0^T S[EM(t)] \, dt$$

在 T 时期，消费者用现金和存款购买电子货币的量分别是：

βEM_T 和 αEM_T，其中，αEM_T 不影响银行体系中的存款量，βEM_T 正是流通中中央银行现金转化为存款的量，并会形成货币扩张过程。假定企业用电子货

币表示的销售收入 S（T）及时兑换为银行存款，就银行体系而言，在 T 期内存款量的净增加仍然是 βEM_T，而与企业销售量无关。

$$dM = \left(\frac{1}{1 - \lambda(1-r)} - 1 \right)\beta\int_0^\infty \left[EM(t) \right]dt > 0 \qquad (4-4)$$

β 值与货币供给增量正相关。对于发行电子货币的机构而言，发行电子货币形成的沉淀资金为

$$D_t^e = \int_0^\infty \left[EM(t) - S(EM(t)) \right]dt \qquad (4-5)$$

但 D_t^e 并不会无限大。这取决于发行机构成本效益。假定电子货币发行机构所得资金用于投资，设收益率为 i_e（EM），而发行电子货币付出的边际成本为 c_e（EM），则电子货币发行机构的利润最大化问题可表示为

$$\max_{T \to \infty}\pi_T^e = (i_e^T(EM) - c_e^T(EM))\int_0^T \left[EM(t) - S(EM(t)) \right]dt \qquad (4-6)$$

其中：S（EM（0））$=0$

求式（4-6）关于利润最大化的 EM 值，并代入式（4-4）便可得到电子货币发行实际产生的货币供给增长。

4. 由境外机构发行电子货币的情形。如果电子货币由境外机构发行，则境内企业或个人为购买电子货币，会将持有的本币兑换为外币，导致对外币需求的增加。这种情形类似于美元在其他国家流通，变成第二种支付手段，使本国货币体系失去稳定性。

4.1.2.2　电子货币对货币需求的影响

电子货币作为一种电子形式的现金，持有它与持有纸现金一样没有利息收入。但电子货币与纸现金有两个明显的差异。一是电子货币由私人部门发行，其发行成本直接向持有者转嫁，是显性成本。而纸现金的发行成本构成了铸币税，是一种隐性成本。后者不易被察觉。二是现阶段电子货币的通用性较差，只在一定区域或一定行业使用，可赎回性也不强。但在有限的范围内，使用电子货币比使用现金获得的便利程度更高，可用效用来衡量。对电子货币的需求取决于电子货币所提供服务的便利性、成本（包括机会成本）。因此，电子货币对传统货币体系中货币需求的影响，可用鲍莫尔—托宾模型加以解释。

假定消费者期初拥有收入 Y_0，以现金形式持有，并将在一定时期内消费掉，且消费的是用电子货币可以购买的物品。假设使用一单位电子货币获得的便利

性效用为 e_B；持有电子货币和持有现金的机会成本均为 $I_e = \max\ (i_B, i_D)$，其中 i_B 是持有一单位债券或股票的收益率，i_D 是存款利息率。消费者将收入 Y_0 全部转换为电子货币需要 n 次，每次转换的量相等，转换次数 $n = Y_0/m$，每次现金转换为电子货币的成本为 L，消费者持有现金而不持有电子货币付出的总成本是：

$$C_t = nL + \frac{Y_0}{n}e_B + I_e \frac{m}{2} = \frac{Y_0}{m}L + me_B + I_e \frac{m}{2} \qquad (4-7)$$

求上式关于总成本最小化的货币持有量 m，可得货币需求：

$$m_D = \frac{1}{2}\sqrt{\frac{Y_0 L}{2e_B + I_e}} = \frac{1}{2}\sqrt{\frac{Y_0 L}{2e_B + \max(i_D, i_B)}} \qquad (4-8)$$

式（4-8）的含义是，随着电子货币便利性的提高，人们对现金持有的需求会下降。并且随着电子货币基础设施的完善，相关成本（L）降低，人们也倾向于减少现金持有。

4.1.2.3　电子货币对货币政策的影响

中央银行或货币当局对电子货币的关注集中在三个方面：第一，货币政策工具的有效性会因电子货币的广泛使用而受到削弱。第二，电子货币的出现会对与价格稳定性的主要目标相关的货币指标变量（如利率、汇率、通货膨胀率、物价指数等）的信息内容产生影响。第三，在经济交易中，中央银行货币是否能够继续充当记账单位的作用（ECB，2000）。

关于第一个问题，即电子货币对中央银行货币政策工具的影响。市场经济中的传统货币政策工具主要包括利率、公开市场业务、准备金率和再贴现（再贷款）等。电子货币的发行对狭义货币产生直接的扩张性影响，而且这种影响是不稳定的，这就不可避免地对中央银行货币政策工具的作用产生了一定的影响。其中，影响最大的是准备金政策。从前面的讨论可知，如果对电子货币不施加准备金限制，而电子货币发行所收回的中央银行货币无论以准备金、商业银行库存现金还是以银行存款的形式存在，中央银行对货币体系的约束力仅限于中央银行货币，而对公众手中的电子货币余额没有产生约束力；如果中央银行对电子货币施加准备金限制，当准备金率等于100％时，电子货币作为支付手段仅仅替代了中央银行发行的现金的作用，这时电子货币的风险和扩张能力均为零。当准备金率低于100％时，未"保险"的部分仍然具有货币扩张能力。从对公开市场业务的影响考察，需要研究的是，电子货币由私人发行并对货币供给产生扩张性影响时，中央银行如何吸收经济中过多的流动性以保持利率和物价稳定等问题。因为电子货币无论由商业银行发行还是由非银行机构发行，都具有内生性质。当消费需求扩大，并对电子货币的需求增加时，电子货币的发行将增加，影响到物价水平。如果 α 值越大，中央银行所不能观察到的电子货币量也越大，数量型的货币政策工具所能起到的作用越小。

然而，现代支付体系的发展，使中央银行更加稳定地掌握了重要支付系统运行、银行间清算与结算的垄断性资源，而且重要支付系统的资金流量占据整个经济支付资金流量的50%以上。中央银行有能力通过控制重要支付系统清算资金的借贷利率和备付金来实施货币政策，如同本章第一节讨论的情形。

关于第二个问题，取决于经济体系中电子货币使用量。从国际清算银行支付结算体系委员会（CPSS，2006）① 提供的统计数字，CPSS 的十三个成员经济体中，2004 年电子货币交易额占其 GDP 的比重只有万分之一左右，单笔交易金额平均只有 1.7 美元，与其他支付方式没有可比性。依据 CPSS 的统计，如果电子货币交易量以年均46%的速率增长，CPSS 成员的 GDP 以年均3%的速度增长，从 2005 年开始，要经过 25 年，电子货币的交易规模才可以达到 GDP 的水平。而 2005 年度，除电子货币外的非现金交易额已达 GDP 总量的 13 倍。

关于第三个问题，由于电子货币仍处在早期发展阶段，类似于银行券最早出现时的情况。当时，银行家们通过发行银行券，替代金银在流通中的作用。虽然不同银行发行的银行券不同，但都用金银作为标准记账单位，并且不同银行的银行券只有发行者具有赎回权。目前流行的各种电子货币中，多数是电子货币所对应的消费品（服务）供给者与银行进行绑定发行，记账单位仍用中央银行货币的记账单位，如人民币元、欧元、美元等。银行券发展到中后期，发行者之间为了竞争而导致银行券的名义总量超过黄金储备，形成通货膨胀、银行券泛滥和银行恐慌。鉴于此，对电子货币是否用中央银行货币作为记账单位，以及电子货币单位与中央银行货币单位的比价是否稳定，将成为影响价格稳定的重要因素。如果电子货币的发行者涉足高风险的投资活动，将导致电子货币工具以可变兑换率交易。下一节给出关于第三个问题的详尽论证。

---

① CPSS：Statistics on payment and settlement systems in selected countries, figure for 2004, March 2006.

4.2　电子货币的发展对货币制度体系的影响

技术进步与支付体系中的新产品、新的市场进入者和新的治理结构相交织，给货币的发展带来全新的视角。银行和最终消费者行为的变化所促成的制度变革，正导致中央银行（法定）货币与社会支付总价值（总规模）的比例持续下降。对此，理论界关于央行货币是否会被私人货币所取代展开了激烈的争论。有的货币经济学家（Cronin 和 Dowd，2001；Friedman，1999；King，1999 等）[1]曾经预言，信息技术在支付领域的广泛应用会导致私人货币取代中央银行货币，中央银行及其货币政策的作用也将大大减弱。另外一些学者（如 Forrest H. Capie，Geoffrey E. Wood 等人）[2]则从制度经济学的角度论证了中央银行货币或法币不可能被取代，而且随着货币性交易的电子化发展，交易信息成本节约使交易（相对于纸基支付）总成本下降；中央银行货币将与私人电子货币呈互补关系，中央银行对支付与货币体系的监管职能会得到强化。围绕货币的争论集中在以下四个方面的问题（Michael Latzer 等，2005）[3]：（1）替代性支付手段如何与中央银行相联系，如何影响货币；（2）支付体系的制度性变化如何影响中央银行货币的需求稳定性和预期；（3）对货币的需求减少是否会导致一个无货币的社会；（4）在没有央行货币的情况下，货币政策是否还会有作用。这些问题对于支付体系的研究十分重要。因为任何支付系统、支付工具、支付行为以及相关制度安排，总是依附于某种支付手段即货币的；离开货币便不存在支付，只有易货交易。

关于货币演化路径的讨论离不开货币的职能及其特征。货币的职能一般被概括为交易媒介、记账单位（价值尺度）和价值贮藏手段。而货币的特征表现为：标准化、易分割（在纸币制度下表现为不同面额纸币的组合）、具有普遍适用性、匿名性、流动性。此外，标准的货币还应当具有非赎回性或法偿性，即货币可直接用来交换其他物品，而无须先向货币发行者兑换成另外的物品，再

---

① Institute of Technology Assessment of the Austrian Academy of Sciences: Institutional change in the payment systems by electronic money innovations: Implications for Monetary Policy, Jan. 2005, Vienna.

② 同①。

③ 同①。

用于交换。目前，世界各国中央银行或货币当局在定义和统计货币时，主要是依据货币的流动性分层划分：现金的流动性最高，被划分为 $M0$；其次是活期存款，被划在 $M1$；定期存款、储蓄存款在 $M2$ 的范围内；有价证券如国债、金融债、股票以及共同基金等其他金融资产则被划分到 $M3$、$M4$ 等层次。这些货币所具有的共同特征是：以法律确认的中央银行货币为记账手段（如人民币、美元等）、记账单位（如元、美元、英镑、法郎等）和最终结算手段。各种物品的价格或价值也是用核心的货币来计量的。从货币的本职和特征来考察，流动性越高的货币其内涵越丰富，信息成本越低。

新兴电子货币中的绝大多数，如电子钱包、多用途储值卡，其记账手段和记账单位与中央银行货币是一致的，是现金的替代物。但这些电子货币的使用范围仅限于发行者限定的范围，且必须通过一定的电子设备完成支付，故其流动性、适用性弱于中央银行发行的现金。还有一些电子货币并不以中央银行货币为记账手段或记账单位，如 QQ 币，可直接用于在网上消费、购买一些服务等。QQ 币是游离于现行货币体制之外的新的货币形式，构成独立的网络货币。对于类似 QQ 币的作用与影响的研究是货币理论研究的一个重要方向。

此外，电子化交易的发展引致的一个新现象是所谓电子易货（Electronic Barter）。如航空公司采用的里程积分。这种积分可用于旅行消费，如积到一定分数可换取一定次数的免费乘机。如果航空公司与新闻媒体合作，可以互相交换服务，如航空公司用飞机座位与新闻媒体交换广告时点。电子易货是对易货交易的复归。关注电子易货的学者中有的声称未来会出现没有货币的高级易货经济，从而引发了有关经济中是否需要货币的很多争论。

鉴于此，货币的发展前景可以有三种假设：第一种是中央银行货币不会消失，中央银行在货币体系中仍占主导地位。第二种是中央银行货币消失，取而代之的是竞争性的私人货币，记账手段和记账单位也发生了演化，中央银行的地位被其他机构所取代。第三种是货币退出经济，实行电子化的易货经济。

关于货币发展的第一种假设，即中央银行货币不可能消失，中央银行在货币体系中仍会占据主导地位。

如果假设成立，意味着中央银行货币和央行货币政策在市场经济中是必需的，中央银行货币作为支付手段、记账单位和价值储存手段的地位不会动摇。私人发行的电子货币仅是央行货币的补充。货币政策则仍会对经济产生有效的调节作用。支持这一假设的理论观点目前显然占据主导地位，且现实情况也与这种假设相吻合。理论上，这一假设的成立必须具备以下几点：第一，在一个统一的经济体中，需要有一个统一的、占垄断地位的价值和价格度量衡，对所有商品用相同的记账手段和记账单位进行标价、计算。这一点在金本位或金属本位制时期也是成立的。在商品货币本位制消失后，必须要有一个从法律上得到全社会认可的本位货币。因为这样做可以降低计算和缔约成本，中央银行发行的纸币就是这种法定的本位币。第二，这种统一的货币能够克服商品生产和消费中面临的时间不一致、空间摩擦和信息不对称问题，使商品交易顺利进行，并降低交易成本。否则商品交易只有在需求"双重巧合"时才能发生。第三，市场经济中存在着价格的波动，通货膨胀率总是不为零。在这种情况下，除非有一种商品（如金或银）能够起到稳定物品价格的"锚"的作用，否则必须要有货币当局干预市场，稳定物价，因为货币需求的内生性增长会带来对货币供给的增长压力，对货币供给缺乏控制必然导致通货膨胀。而承担稳定物价职责的应当是权威的机构。第四，中央银行的货币政策是有效的，能够促进或抑制经济的增长。与金本位制或金币本位制不同的是，纸币本位制下，货币的发行权和货币的供给被中央银行或货币当局垄断，由此产生的影响是，通货膨胀率、经济增长率、利率、价格、汇率等变量与中央银行的行为紧密联系起来。第五，中央银行货币（现金）不可能由于电子化支付方式的发展而消失，主要基于现金的匿名性特点。任何电子支付都是要留下痕迹的，这种信息记录功能不符合匿名交易的需要和隐私需要。因此，只要存在匿名交易需求和对货币的隐私需求，就存在对现金的需求。

关于货币发展的第一种假设，可能出现极端的情形，即中央银行发行的现金或流通中现金被电子形式的货币完全取代，但中央银行货币仍然存在。整个社会的财富仍然用中央银行货币充当记账手段和记账单位（如人民币元）。这时，中央银行货币的主要表现形式是中央银行控制的系统性重要支付系统中参与者的清算账户资金（备付金）。央行仍然可以通过日间透支、公开市场操作、隔夜借贷、回购等方式有效实施货币政策、控制货币供给。

关于货币发展的第二种假设：中央银行货币消失，取而代之的是竞争性的私人货币，记账手段和记账单位也发生了演化，中央银行的地位被其他机构所取代。

一些货币经济学家，如 Cronin 和 Dowd（2001）、Friedman（1999）、King（1999）和 BIS（1996）基于对中央银行现金需求的相对下降趋势，预期私人发行的电子货币在未来的某个时期会完全取代中央银行负债。例如，Cronin 和 Dowd（2001）就曾预言："对中央银行货币的需求不仅会戏剧性地下降，而且可能会在一个可预见的将来完全消失。未来电子支付结算体系中的技术进步可能与不断推进的制度变革相结合——比如向私人结算部门的转移——从而消除对中央银行货币的需求"（Michael Latzer 等，2005）。这种预测与新货币经济学派的一些代表人物的想法几乎是不谋而合。正像约翰·史密森（2003）所总结的，新货币经济学家们一致认为，"建立一个无管制的、技术上高度精密的竞争性支付体系是可能且值得期盼的，就缺乏外在的或基础的货币而言，这一支付体系可称为'无现金'的，在该体系中，流通中的交换中介与记账单位相分离。而后者可以是某种单一的实物商品，作为计价物而存在；也可以是一揽子商品，以便用这些商品表示的价格可以保持相对稳定。"然而，私人货币取代央行货币、交易媒介与记账单位相分离，必须具备几个前提条件。

第一，电子支付系统朝着私人化的方向发展，清算与结算由私人货币完成。但这一前提在可预见的将来无法成立。因为现实情况恰恰相反，近年来绝大多数国家或经济体的中央银行都建设和运行了大额实时支付系统（RTGS）等系统性重要支付系统，有很多国家中央银行还建设运行了小额批量支付系统（DNS）；欧盟建设运行的支付系统第二代（TARGET2）以及推行的单一欧元支付区（SEPA）都是由欧央行组织建设的。这些系统每天处理的跨行资金清算量占全社会支付清算额的比重达到 50% ~ 70%，并且最终结算都用央行货币完成。这种趋势具有明显的制度依赖性。因为，中央银行制度的确立和强化使中央银行的最后贷款人角色成为维护公众对货币转移机制信心的屏障。跨行支付清算系统使用中央银行货币作为结算货币，并与金融市场交易、货币政策实施紧密联系在一起，对稳定宏观经济、促进金融创新、加速社会资金周转产生了非常重要的正面影响。

第二，非现金支付工具的使用依托于新的支付手段。非现金支付需要发起和传递支付指令的手段或载体。目前，非现金支付主要依托票据、银行卡、网上支付指令等方式，由付款人或收款人向商业银行发起支付指令，实现存款转移，完成相应的支付。而商业银行存款是以中央银行货币计量的，并保持 1:1 的兑换关系。如果私人货币取代中央银行货币，则非现金支付工具的使用将依赖于私人性的支付手段和私人信用。这种状况类似于中央银行制度产生之前的状态，个体之间的交易需要共同信任的支付手段；且双方在履行交易合同时，就必须明确使用何种支付手段或交易媒介，这必然增加交易成本。很显然，如果私人货币取代中央银行货币，必须保证交易成本更低、信用度更高、普遍适用性更强、必须符合统一的市场对标准化的要求。否则，私人货币还要依托类似于黄金的硬通货，形成兑换关系。现代经济的发展已淘汰了这种货币制度。

第三，所有的社会成员愿意接受新的货币而不愿接受既有的中央银行货币。用私人货币取代中央银行货币，充当记账手段和记账单位，这种转换成本必须低于继续使用中央银行货币的成本。运用记账单位转换模型[①]可以很好地解释这一问题。相关的讨论也见诸于蒙代尔（1961）的最优货币区理论。

假定：（1）经济中有 N 个相同的代理人，$N=1，2，\cdots，k，\cdots$，共同采用某种特定的记账单位。N 随着相同代理人的增加而不断扩大，因此，$k\equiv\ln N$。（2）有两种记账单位存在，可供选择，$i=1，2$。（3）从某个时点 T 开始，代理人 k 就使用记账单位 i。（4）这种记账单位为法定货币单位。（5）对记账单位的使用存在着网络效应，即使用者越多，每个使用者获得的效用越高。代理人从中获得的效用可表示为

$$u_i(T) = (a + bk_i)\int_T^\infty e^{-r(t-T)}dt = \frac{a + bk_i}{r} \qquad (4-9)$$

式（4-9）中，a 表示当其他代理人不用该记账单位时，代理人 k 继续使用该记账单位可获得的效用；$b>0$ 表示在同一网络中，效用随着其他代理人的数量而上升；r 为给定的贴现率或外生的实际利率；$a+bk_i$ 表示使用通货 i 的瞬时效用；$(a+bk_i)/r$ 是使用通货 i 的净现值。如果把使用记账单位为 i 的通货的所有代理人的效用加总，便得到：

$$\frac{N_1(a + bk_1)}{r} + \frac{N_2(a + bk_2)}{r} = \frac{Na}{r} + \frac{(k_1N_1 + k_2N_2)b}{r} \qquad (4-10)$$

式（4-10）中，$N=N_1+N_2$，$k=\ln N$。讨论以下两种情形：

A. 如果经济中的所有代理人使用同一种记账单位或记账手段。

式（4-9）的右端将转变为：

---

① 凯文·多德：《竞争与金融：金融与货币经济学新解》，中译本，中国人民大学出版社，2004。

$$\frac{Na}{r} + \frac{Nb\ln N}{r} \qquad\qquad (4-11)$$

可以很容易地证明，表达式（4-11）比等式（4-10）的右边要大，这表明，社会福利的最大化要求每个人使用相同的记账单位。

B. 如果经济从既有的记账单位转换为另一种记账单位。

假设经济中仍有 N 个代理人。从时点 T 开始，他们都使用相同的记账单位 1（比如人民币元），则每个代理人获得的效用为：

$$u_1(T) = \frac{a_1 + b_1 k}{r} \qquad\qquad (4-12)$$

但是，从时点 T' 开始，记账单位 2 成为代理人可以使用的记账单位。如果让 N 个代理人使用记账单位 2，在假定贴现率仍然不变的情况下，它给每个代理人带来的效用为

$$u_2(T) = \frac{a_2 + b_2 k}{r}; T \geqslant T' \qquad\qquad (4-13)$$

由于存在着转换成本，比如需要时间和精力熟悉新的记账单位，需要改变价签、记录以及相应的系统软件等，设每个人面临的转换成本都是 $s > 0$；另外，转换者认为新的记账单位也能够给他带来与旧的记账单位至少一样好的服务，从而有 $a_2 \geqslant a_1$，$b_2 \geqslant b_1$，这样式（4-13）应改写为

$$u_2(T) = \frac{a_2 + b_2 k}{r} - s; T \geqslant T' \qquad\qquad (4-14)$$

对式（4-12）、式（4-14）分别计算加总的效用，分别有：

$$\frac{N(a_1 + b_1 k)}{r} \text{ 和 } \frac{N(a_2 + b_2 k)}{r} - Ns$$

只有当新的记账单位明显优于既有的记账单位，即

$$N\frac{a_2 + b_2 k}{r} - N\left(\frac{a_1 + b_1 k}{r} + s\right) \geqslant 0$$

时，转换才可能发生，并且经济体中的绝大多数人都愿意采取转换的行动，以获取网络规模经济的好处。否则会出现：

$$\gamma N\left[\frac{a_2 + b_2 k_2}{r} - s\right] < (1 - \gamma) N\frac{a_1 + b_1 k_1}{r}$$

式中，γ 表示经济体中愿意转换为新记账单位的人数比重。

以上讨论涉及两种情形：第一种是一个统一的经济体中多种记账单位存在

与仅有一种记账单位存在的比较；第二种是一种既有的记账单位完全被另一种记账单位取代的情形。结论是：

1. 一个统一的经济体在只有一种记账单位时是最优的。在中央银行货币消失的情况下，私人货币发行机构规定自身的记账手段和记账单位。这种情形会造成整个社会物品价值或价格的非标准化、非统一化，类似于自由浮动汇率制度下，国家间的物价、货币关系。如果不同的私人货币仅在各自适用的产品、服务或部门使用，必然带来货币间的兑换成本和风险，且货币发行机构的功能仅局限于该种货币被使用的领域。这种情形不可能在一个统一的政治经济体中持续地存在。如果不同的私人货币适用于所有物品生产和消费，则私人货币之间的竞争会使信用水平最高的货币取代其他货币，最终实现货币的统一，并出现等同于中央银行的机构。

2. 从一种既有记账单位转换到另一种记账单位必须克服很高的转换成本，并且必须获得大多数使用者的认同。欧元诞生的经验表明，货币的转换总是以国家为单位进行的，必须经过民意测验和全民公决，保证大多数人愿意接受新货币。至于历史上纸币本位最终代替金本位，是通过国家意志实现的，国家信用的保证避免了私人信用（包括银行信用）可能带来的公众对货币体系信心的丧失。

关于货币发展的第三种假设，电子支付的发展会导致无现金、无货币的社会。

这种假设的一个重要的理论基础是传统货币的交易媒介和记账手段（记账单位）会发生分离，比如"人民币"和"元"发生分离，社会经济中只存在记录商品交易的一个标量，"人民币"则被其他的交易媒介所取代，或交易媒介也将不存在，而为电子化的易货交易所取代。这里暗含的一个命题是：通货仅仅是一种记账单位而已，除此之外，持有通货不会获得任何效用。

关于这个命题，涉及货币的存在对经济是否有影响这个关键问题，并就此存在着两种对立的观点（约翰·史密森，1994）。第一种观点强调货币作为交换中介的职能，宣称货币之所以存在，是为了完善或改进物物交换在技术上的低效率，降低交易成本。但是一旦货币出现之后，接下来货币变量的变化对物物交换的比率就再没有影响了。这种分析方法也正是货币中性论、货币面纱观、自然利率与货币数量固定论的理论基础。理性预期学派从经济人的完全理性、完全信息假定出发，运用瓦尔拉斯一般均衡理论框架，得出了实现一般均衡条件下的交换活动的协作不存在任何障碍的结论，从而对货币及货币政策的作用给予了否定性的论证，因为瓦尔拉斯式的拍卖者在市场经济中不需要任何中介就可进行协作活动。

另一种主要观点则是从历史和制度的角度出发，强调货币的"社会关系"特性，认为货币是社会经济发展的必然结果，货币经济明显优于物物交换经济；强调货币为一种经济关系，也是一种社会关系，是以私有制为基础的市场经济所必需的；价格表、负债、账簿等货币性构成是市场交换与商品生产的前提条件，离开货币的这些功能，各种各样离散的或集中的市场将难以存在。从这种观点可以推论出，信息是分散的，获取信息是需要成本的，持有货币性资产能够降低信息获取成本，并且能够很方便地贮藏价值；持有货币存在着正效用，如流动性效用、预防效用、投机动机效用，这种正的效用足以抵补持有生息资产带来的收益。

电子化的支付体系的发展，是否会佐证货币的中性论、货币面纱观，甚至支持新货币学派的货币分离说，取决于以下几个命题能否成立。

1. 现实的商品生产、交换和消费不存在空间隔离、时间摩擦和信息不对称问题。物物交换（包括服务的提供）必须符合"需求的双向耦合"条件，即交易的一方需要买入的物品正是另一方想要卖出的物品，反之亦然。以此推算，如果经济中有 N 种物品，须有 $N(N-1)/2$ 种交换价格，每增加一种物品，交换价格种类就会以与原有的商品种类相同的数量增加。当 N→∞ 时，将出现商品间的相对价格信息获取困难。解决的方法是引入全社会统一的记账单位，从而给任一物品、服务或资产赋予一个绝对值，如一定数量的"元"。但如果卖者获得的不是物品，而是以这种记账单位记录的某个数值。这种需要是完全存在的，商品生产和销售的目的并不意味着生产者立即要消费，而是需要储蓄或积累。由于不存在内在价值，这个数值"元"的作用会随着不同种商品之间、种类相同但质量不同的商品之间的比价关系的变动而变动。接下来的问题就是，由谁或由何种物品来稳定"元"的值？答案只能是：或者引入社会能够共同认可的交易媒介，如黄金等贵金属。将交易媒介赋予记账单位即是货币。另一种办法是引入中央计划者，使商品的生产和消费按计划进行。单纯计划经济已被实践证明是不可行的。

此外，作为商品生产者、消费者的主体，人的行为本身受所处环境、行为能力的限制，空间隔离、时间摩擦和信息不对称问题始终会存在。除非整个世界经济进入阿罗—德布鲁模型所描述的经济环境中，即所有的交易者都能在统一的市场上无成本地瞬时完成交易，否则正的交易成本仍会要求货币在克服空间隔离、时间摩擦和信息不对称问题，降低交易成本、提供价值贮藏手段和记账手段方面发挥不可或缺的作用。

2. 不仅私人需求，而且公共需求也是非货币化的，如财政收入、支出、转移支付等。失去货币及其中介作用，政府国债的发行和兑付、税收的取得、公共支出的实施、社会保障体制的维护等，仅仅用记账单位"元"来提供，将会变得非常随意。

3. 现有的货币金融体系发生了彻底的变革。银行是经营货币的金融中介，货币消失意味着存款、贷款等基本业务不复存在，其他派生业务也不可能存在。股票、债券、投资基金、保险基金等金融资产具有货币的部分特性，属于准货币的范畴。如果不用货币，而用不同的实物来衡量这些资产，就无法标准化，很难进行大范围的流通和转让。由此可见，没有货币就不会有金融体系，经济社会不是回到自然经济阶段就是进入令人难以想象的高级计划经济。

结论：货币的未来发展将朝着电子化的方向演化。更为复杂、精妙的支付体系将为货币的电子化提供有效的支持。但中央银行、中央银行货币及中央银行货币政策在可以预见的将来仍然会发挥主导作用。而且在必要时，中央银行也可能发行电子形式的货币，以代替现金的作用。其他机构发行的电子货币将受到监管并被纳入中央银行货币体系之中。例如，欧盟于 2000 年 9 月发布了《关于电子货币机构业务开办、经营与审慎监管的 2000/46/EC 指令》，对电子货币的可赎回性、电子货币发行机构的最低资本要求、业务经营范围、投资活动、风险管理等问题作了明确规定，这实际上意味着欧盟范围内的电子货币及其发行机构已被纳入统一的欧盟中央银行货币体系之中。

第5章 支付体系发展与金融稳定

金融稳定被认为是一种金融体系能够承受冲击的条件，即不存在对储蓄用于投资机会的分配以及对经济中的支付过程产生损害的积聚过程（Padoa - Schioppa，2002，Stephen Millard 和 Matthew Willson，2003）[1]。金融稳定也被定义为"能够有效发挥其关键功能的状态。在这种状态下，宏观经济健康运行，货币和财政政策稳健有效，金融生态环境不断改善，金融机构、金融市场和金融基础设施能够发挥资源配置、风险管理、支付结算等关键功能，而且在受到外部因素冲击时，金融体系整体上仍然能够平衡运行[2]"。支付体系作为货币资金转移机制及其相关要素的总和，其安全高效运行对金融体系的稳定具有至关重要的意义。支付体系的稳定被定义为：一个稳定的支付体系是，在该体系中，由系统使用者或者系统本身所传播的或发散的冲击并不会使代理人使用他们所选择的工具进行交易的能力受到削弱（Stephen Millard 和 Matthew Willson，2003）[3]。系统使用者发散的冲击的例子包括：参与者破产，参与者中发生流动性短缺，单个银行的运行出现问题；系统使用者传播的冲击包括：生产能力、偏好、政府支出异常，从而导致参与者生产能力和流动性持有的改变。而系统本身的冲击主要指导致系统暂时关闭的运行问题。支付体系出现问题可能使消费者的消费无法正常进行，这一点是支付体系不同于金融体系中其他方面的一个重要区别。

支付体系与金融稳定的关系主要体现在，由于某种风险的发生，使得支付链被迫中断，并产生多米诺骨牌效应，造成大面积的支付体系风险甚至支付危机和银行体系的信用危机，最终严重影响到金融稳定。因此，安全、高效的支

---

① Stephen Millard, Matthew Willison：The welfare benefits of stable and efficient payment systems，*Bank of England Working Paper*，ISSN 1368 – 5562，2003.

② 中国人民银行：《中国金融稳定报告（2005）》，第 3 页，中国金融出版社，2005。

③ 同①。

付体系是保障货币作为有效的支付手段以及金融市场功能顺利发挥的前提和基础。鉴于现代市场经济中非现金支付占据了全社会日常交易支付额的80%以上①，且大额单笔支付基本上采用非现金支付方式实现银行账户资金的转移，因而对支付体系风险与金融稳定问题的讨论主要集中在非现金支付方面，尤其涉及重要的支付系统②。而支付系统的设计与运行必须满足几个目标（Jean - Charles Rochet, Jean Tirole, 1996）③：在银行部门内部，支付系统必须能够促进有效的金融管理和每个系统参与者义务的履行，并为银行是否无力偿债提供早期监测服务。支付系统还必须控制单个银行发生的问题向其他银行扩散的风险。更重要的是支付系统必须能够控制整个银行系统的风险。支付系统必须非常稳健而可靠，即使在相关金融市场发生危机的情况下，支付系统绝不应成为这种危机的源泉（CPSS, 2005）④。

爆发于2007年上半年的美国次贷危机，于2008年演变成全球性金融危机。这次危机产生的原因是多方面的，但支付体系的不健全是其重要诱因之一。场外金融工具衍生品交易市场由于没有完备的支付结算基础设施和合理的制度设计、信息不透明、监管不到位，导致流动性风险和信用风险不断累积，最终形成了系统性支付风险，引发次贷危机，又通过财政金融体系的传导酿成系统性金融危机。因此，研究支付体系与金融稳定的关系，首先要揭示支付体系中的风险。

5.1 支付体系中的风险

支付体系中的风险主要包括：流动性风险、信用风险、法律风险、系统运行风险（包括技术风险）、系统性支付风险、欺诈风险等。

信用风险是交易对手到期时或在其后任何时间不能全额结算其付款义务的风险，通常包括两种情况：损失了与违约对手之间由于未清偿合同而产生的未

---

① 在发达国家和经济体中这一比重已达到90%以上，而北欧国家已达到95%以上。

② 现金支付涉及的风险主要是造假风险、失窃风险等，不属于经济学范畴，在此不予讨论。

③ Jean Charles, Rochet Jean Tirole：Controlling Risk in Payment Systems, *Journal of Money, Credit, and Banking*, Vol. 28, No. 4, 1996.

④ CPSS：Central bank oversight of payment and settlement systems, BIS, 2005.

实现利润（重置成本风险）和损失全部交易金额的风险（本金风险）。流动性风险是交易对手在约定的时间不能全额结算其付款义务，但可在其后某个时间结算其全部支付义务的风险。由于交易对手一方的结算延迟会影响到对方预期的流动性头寸，对方不得不调用其他资源以补头寸不足。信用风险具有引发损失本金的可能性，同时会连带产生流动性风险。例如，当货币的交换与商品的交换不同步时，在交易中首先采取行动的一方就面临着只能收到合同金额的一小部分或根本一点儿都收不到的本金损失。典型的例子是赫斯塔特风险。流动性风险使得本来期望得到一笔支付的一方不得不以较高的价格借款或低价出售资产，以应对其他方的偿债要求。信用风险和流动性风险都有可能导致其他合同的违约，产生多米诺骨牌效应，从单笔支付扩散到整个系统性风险。信用风险和流动性风险可以用图 5 - 1 形象地表述①。

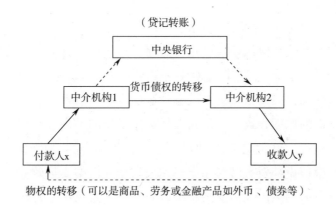

图 5 - 1　跨行间支付清算路线图

信用风险（本金风险）发生的可能性：（1）当 x 收到 y 的货物之前已付款；（2）y 收到 x 的付款前已交货；（3）中介机构 1 在 x 的账上没有资金时将资金转账到中介机构 2；（4）中介机构 1 账上没有资金时或中介机构 2 从在中央银行开设的账户中收到最终资金之前将资金转账到 y；（5）中央银行在中介机构 1 没有资金时将资金转账到中介机构 2。

流动性风险发生的可能性：（1）中介机构 1 在需要转账时 x 的账上仍没有

---

① 布鲁斯·萨莫斯编：《支付系统：设计、管理和监督》，中国金融出版社，1996。

资金；（2）中介机构 2 在需要来账（结算）时没有收到中介机构 1 的往账。

　　流动性风险和信用风险的共同特点是偿债资金不足和时间上的延误。流动性风险和信用风险会引发系统性风险。在支付市场中，如果一家机构不能及时偿还债务，导致债权方头寸不足，进而无法偿付自身的债务，引发下一家机构的应付资金困难。整个金融市场中的机构势必很快会感到同样的困难。为保护自己的头寸或债权权益，所有机构可能都会付诸行动，撤出在有信用问题的机构存款或索要债权。为增加流动性，有问题的机构被迫以非常方式卖出资产，最终可能导致破产，对经济产生很大的不利影响。

　　在现代市场经济中，重要的跨行支付系统往往连接着大多数银行和几乎各类金融市场，构成社会资金运动的大动脉。这也不可避免地使支付系统成为传播风险的重要渠道。因此，一个良好的支付系统必须做到高效运行的同时确保货币债权转移机制的安全。不同的支付系统设计会延伸出程度不同的信用风险和流动性风险，而这些风险与支付系统的运行成本又密切相关。全额实时结算系统消除了信用风险，但流动性风险依然存在。净额结算系统流动性成本虽然低于全额实时结算系统，但信用风险要比全额实时结算系统大得多。

　　与支付系统相关的第三类重要风险是运行风险和技术性风险，即由于技术方面或管理方面的原因，或由于受到其他意想不到的冲击，使支付系统不能正常运行或停止运行。20 世纪 70 年代以来，网络化、信息化的跨行电子资金转账系统以及商业银行内部资金转移系统迅速发展，在提高支付效率的同时，也增加了系统运行方面的风险。当支付系统因非经济因素无法正常运行时，整个社会资金的转移将出现困难，金融市场交易将不得不停止交割，正常的消费、投资活动将受到大规模影响，严重时会动摇人们对支付系统甚至货币转移机制的信心。根据巴塞尔银行监管委员会（BCBS，2003）的定义，运行风险是"由于不正确的或错误的内部操作过程、人员、系统或外部事件导致直接或间接损失的风险"，包括：内部欺诈，外部欺诈，雇员行为和工作场所安全隐患，客户、产品和业务安全隐患，物质资产的损坏，业务中断和系统失败等。这种划分是一种广义划分，与支付体系相关的运行风险主要与基础设施及所载信息遭受损失有关。随着银行业机构的兼并、跨行、跨境支付处理与服务的一体化，支付系统在运行方面的脆弱性也相对提高。例如，负责跨境支付服务的外币交易持续结算系统（CLS）一旦停止运行，将会给无以计数的机构带来损失，并会引发一系列复杂的损失分担问题①。

法律风险也是影响支付体系安全稳定运行的重要风险因素。近 20 年来，支付体系创新不断，新兴的支付工具和支付方式持续获得应用。典型的有票据影像技术、电子票据、电子签名、数字签名、移动支付、多功能支付卡、行业支付卡等。与支付技术创新相比，相应的法律制度建设滞后。一旦这些新的支付工具或支付方式的运用过程中出现违约、欺诈，责任方的责任判定无法、无规可依，损失方的利益不能得到保证，从而会动摇人们对支付体系的信心。

系统性风险是由以上一种或多种风险引发的大面积风险。系统性风险有多种表现形式，第一种表现是失败的银行在破产之日解除净额结算系统中所有来账和往账支付指令或全额结算系统中发生死锁（即系统参与者协作失败导致债务链无法解除，除非债务行收到来账）所引发的大范围流动性问题。第二种表现是银行的失败通过信贷链进行传播。当许多家银行通过支付系统和金融市场连接在一起时，一家银行的失败会触发金融体系中的多米诺骨牌效应。第三种表现是对多个银行产生影响的宏观经济风险将会波及证券市场和其他资本市场，反过来影响到支付体系。因为支付体系中的参与者在流动性管理中往往会以证券为抵押进行融资，宏观经济风险使部分银行经营状况恶化，流动性出现困难，信用下降，使证券市场信心不足，引发更大范围的系统性风险。另外，这种风险也会通过学习效应导致存款者和债权人进行挤兑。

欺诈风险是现代支付体系中发生频率最高的一种风险，危害面较广。欺诈大多采取技术手段或利用制度方面的漏洞而得逞。涉及欺诈的支付工具大多数是银行卡、票据、网络支付、移动支付等。以美国为例，美国行业协会（AFP）一项支付风险调查报告②显示，有 68% 的机构遭受过未得逞或已得逞的欺诈。其中，在年收入超过 10 亿美元的机构中，有 79% 的机构受到了欺诈损失。年收入

---

① 支付系统运行失败的例子有：（1）2001 年 8 月挪威的 EDB Fellesdata 系统运行中断，造成大面积的影响，包括 ATM、支票取款、网络银行业务、账户信息、电话银行和公司终端等，一批中小银行的清算和结算业务也受到影响，恢复系统所用时间长达 6 天。（2）瑞典的 Nordbanken 银行计算机系统于 2000 年 12 月 27 日损坏，5 天后完全修复，故障期间借记卡购物、ATM 提款无法进行。（3）2003 年 3 月，丹麦的 Danske 银行 IT 系统故障，7 天后才恢复到正常状态。运行失败影响到银行系统的外汇、股票、债券和货币市场交易，网上银行业务也只能部分地进行。不仅如此，该银行出现的问题还影响到挪威的 Fokus 银行，位于其他国家和地区的分支行的业务也受到不同程度的影响。（4）2006 年 4 月 20 日，中国银联信息系统发生故障，9 个小时后恢复正常，故障期间，全国许多城市无法使用银行卡交易和 ATM 存取现。

② Payments Risk Survey by AFP, March 2006, from www.afponline.org.

低于 10 亿美元的机构遭受欺诈的比率为 54%。欺诈的手段主要是支票和银行卡诈骗。

支付体系中的上述风险还可以划分为两大类：结算风险和运行风险。结算风险包含了流动性风险和信用风险，其特点是结算延迟和流动性不足，付款人不能按规定的时限履行结算义务。广义的运行风险可以包含欺诈风险、法律风险，其特点是内部控制、基础设施存在问题引发的风险，法律制度也可视作基础设施。系统性风险是这两类风险蔓延的结果。

5.2　结算风险及其控制机制

支付系统中的结算风险按照是否独立于参与者的行为，可分为两种。如果风险独立于参与者行为，则风险本身反映了支付系统运行根本环境的不确定性。如果风险受参与者本身行为的影响，则参与者所采取的行动以及他与其他参与者的互动会在某种程度上影响最终结果。一般而言，支付越早结算，支付系统的结算风险就越早得以消除，因而可以将支付距最终结算的时间长度或结算频率作为衡量结算风险的一个重要尺度。在分析结算风险时，结算最终性的条件是需要考虑的重要因素，这些条件决定了结算风险是否以及何时得到最终消除。例如，在净额结算系统中，如果某一参与者不能结算其付款义务，该参与者的支付可能被退回，并重新计算净头寸。因此，相对于未受保护的净额结算系统，若无资金覆盖净头寸，则支付可以被退回，并伴随信用风险、流动性风险甚至系统性风险。即使有保护的净额结算系统，这种风险也同样存在，但损失分担协议或设置质押品的要求能降低结算风险。如果净额结算系统提供了明确的结算保证，则系统的所有交易就一定会被结算。在这方面，参与者或系统本身可以采取行动限制风险，比如设置双边或多边限额，以控制可能发生的财务损失。又如，在全额结算系统中，由于与全额结算系统相连的支付系统不止一个，如证券交易系统、外汇交易系统等，这使得结算风险有多个来源。如果其中一个通道完成结算而另一个通道未能结算，结算风险将集中于其中一方。结算的滞后会产生本金风险，即由于不同通道结算时差造成的交易一方全额损失，引致系统性风险。因此，各国纷纷在建立证券交易结算中的"付款交割"（DVP）机制和外币交易中的"同时支付"（PVP）机制。

尽管安全性是支付系统的核心要素，但系统的设计和运行同时受成本制约，否则会把参与者拒之门外。因此，支付系统的设计还必须权衡风险与成本的消长关系。交易转账的无条件和不可撤销性能消除参与者间的信用风险和流动性风险，但为保证支付的绝对安全性，支付系统的参与者和结算机构都可能付出很高的成本。风险的消除和成本的控制需要详尽的有关支付系统参与者的信息，特别是偿债能力信息。

在论述支付系统的设计原理时已经提到，大额支付系统中单个参与者解决流动性问题的资金来源，包括中央银行账户余额（备付金）、中央银行提供的信贷、其他银行的来账、货币市场融资。其中，中央银行账户余额是资金转账流动性的基本来源。来账支付的重要性则取决于支付系统的制度设计、信息的完备性等因素。如果参与者之间能够适时获得来账信息，银行在流动性管理中就能有效地利用来账支付。如果日间来账和往账在时间顺序上不对称或者在金额方面差异很大，依靠来账支付就是不可靠的。例如，如果大额支付系统的来账支付在结算日的较晚时间收到，参与者需要使用中央银行信贷（或日间回购），或从拥有多余资金的其他参与者处借入结算资产进行往账支付。如果参与者认为来账支付被延迟或当天不能到账，则会引发一些负面反应。参与者可能会延迟发出往账支付，这可能导致支付系统产生死锁。此外，如果获得信贷非常昂贵，参与者就有动力延迟往账支付，从而降低成本，这会导致支付变慢，并削弱系统应对风险的反应能力。当系统存在大量的抵消支付时，每个参与者都愿意对方首先发送支付，这可能延迟至当天的较晚时间。鉴于此，系统的设计和政策应鼓励支付指令较早提交。系统运营者可要求在某些时点必须结算当日支付量的一定比例。

中央银行信用是解决支付系统中流动性问题、消除流动性风险的重要屏障。流动性风险的控制通过设置日间透支限额、自动质押融资以及分时段计费等功能防范。许多国家的中央银行通过完全抵押担保的日间透支或日间回购方式提供日间信贷，而且通常不收取利息。通过银行间货币市场向其他银行借款是银行获得日间结算流动性的又一个重要途径。如果银行可以在大额支付系统的营业日内任何时间通过隔夜市场获得借款，所借资金就可用来为日间转账提供资金，前提是资金何时能够贷记借款行的账户。

全额结算与净额结算的结算风险与控制手段

为进一步揭示结算风险，需要引入一个简单模型①。假设：（1）经济体系中有大量银行，它们是风险中性代理人，经济中的交易以银行为中介（如账户资金转移）完成支付，且银行本身也充当经济中的交易者，比如银行可以买卖资金（存贷款）、有价证券等。（2）假定整个交易周期由三个时间段（用 t 表示）构成，$t=0$，1，2。（3）经济中有三类物品：第一类是种类多样的抵押品（如票据、有价证券、转账凭证等）；第二类是结算资产，通常为中央银行货币；第三类是外来品，可被认为是来账资金，其来账时间是外生的，来账能否用于结算取决于结算机构设定的规则。这三类物品用于完成支付，三类物品的物理和法律特征都有明显区别。（4）经济中共有 N 类银行，分别用 i，j，k，…表示。每类银行数量相同。（5）在 $t=0$ 期，所有银行都具有某一单位不可分割的抵押品，用于在 $t=2$ 期能得到结算资产。在 $t=2$ 期的期初，银行 i 生产出结算资产所要求投入特定的抵押品由银行 j 所持有，这表示不同类别的银行所拥有的抵押品之间存在产品差异。（6）每一单位特定的抵押品可以生产出大于一个单位的结算资产（$F>1$），如果抵押品没有投入其适合的用途，则用结算资产来衡量，其只有价值 C（<1）。（7）所有银行在 $t=2$ 期的期初都获得 M 个单位的来账；一单位来账可抵一单位结算资产，来账的价值对所有银行而言是相同的。但特定的抵押品对于不同的银行具有不同的实用价值。另外，银行作为交易代理人，银行间的抵押品交易可理解为引起同业间义务的金融债权的任何交易。而通过转移结算资产进行的债务结算对应于用中央银行资金结算。

在上述假定基础上，假设一家银行因故破产或被接管，该银行可被扣押抵债的资产是 A，而它在支付系统中的欠债是 D，破产者的报酬和债权人的报酬分别是：

$$\max \ \{(\alpha+\beta)A-D, \alpha A\} \qquad \text{（破产者报酬）} \qquad (5-1)$$

$$\min \ \{D, \beta A\} \qquad \text{（债权人报酬）} \qquad (5-2)$$

式中，α、β 分别代表债务人和债权人得到的偿付比例。$\alpha+\beta<1$。式（5-1）、式（5-2）的含义是，当抵债资产 βA 大于债务 D 时，债权人也只能获得 D；而债务人可以获得抵债后的剩余资产。相反，当抵债资产 βA 小于债务 D 时，债权人只能获得 βA，债务人得到 αA。

---

① Charles M. Kahn, James McAndrews, and William Roberds: Settlement Risk under Gross and Net Settlement, Federal Reserve Bank of Atlanta, Working Paper 99 – 10a, 1999.

5.2.1　全额结算中的风险与控制

在 $t=0$ 时，银行寻找交易伙伴，以便获得它生产所需的抵押品。在 $t=1$ 时，每家银行都开始履行合同，如 i 向 j 提供抵押品，以便在 $t=2$ 的末尾获得结算资产支付；以此类推，银行 i 也获得银行 k 将提供给银行 i 抵押品的保证以便晚些时候得到结算资产。在这两种情况下，未来支付的规模是由交易双方的讨价还价过程决定的，结果是支付过程将"剩余"在抵押品生产者和结算资产生产者之间分割，使得用结算资产衡量的抵押品单位定价（时价）P 满足：$C < P < F$，即购买抵押品的银行向出售抵押品的银行承诺的支付为 P。在 $t=2$ 时期，银行得到来账后，结算资产被生产出来，债权人得到支付，违约被避免。在全额实时支付系统中，支付一发生，银行必须实际上把结算资产提交给债权人，因为交易只有一个回合。设银行在 $t=0$ 时的交易决策为 X，$t=1$ 时的交割决策为 Y，$t=2$ 时的结算决策为 Z，银行的策略集用 $\xi=(X, Y, Z)$ 表示。交易决策由两部分构成：$X=(X_Y, X_Z)$，X_Y 表示银行是否愿意以时价 P 要求交割抵押品的发盘，而 X_Z 表示银行是否愿意按当前价格提供抵押品的还盘。如果银行 i 在 $t=0$ 时承诺提供（即对银行 j 同时发出的要求银行 i 提供的要约进行还盘），则 Y 就代表银行是否愿意交割的决策，即是否在 $t=1$ 时履行其合同义务。如果在 $t=0$，$t=1$ 时的义务得到了履行，则 Z 代表银行在 $t=2$ 时是否结算或违约。

如果银行 i 违约，其被扣押资产可表示为：

$$FY_{ki} + Ma \qquad (5-3)$$

其中，Y_{ki} 是银行 k 向银行 i 提供的抵押品，M 是来账，$a \in \{0, 1\}$ 是一个选择变量，当 $a=1$ 时，来账可扣押抵债；$a=0$ 代表来账不可用来抵偿债务。如果 j 也向 i 提供抵押品，当 i 确信 j 会违约时，i 也违约的充分必要条件是：

$$\alpha(FY_{ki} + Ma) + (1-a)M > FY_{ki} + M - P_{ik} + \beta(FY_{ji} + Ma) \qquad (5-4)$$

式（5-4）中，P_{ik} 为银行 i 承诺给 k 的支付。等式的左边表示银行 i 违约时可得到的支付，右边表示银行 j 违约而 i 不违约时 i 可得到的支付。如果清算规则约定 $a=0$，即来账不可扣押抵债，式（5-4）转化为

$$\alpha FY_{ki} > FY_{ki} - P_{ik} + \beta FY_{ji} \text{ 或 } P_{ik} > (1-\alpha)FY_{ki} + \beta FY_{ji}$$

如果 $a=1$，则式（5-4）变为

$$P_{ik} > (1-\alpha)(FY_{ki} + M) + \beta(FY_{ji} + M)$$

当 Y_{ki} 与 Y_{ji} 具有同等质量和价格时，式（5-4）还有：

$$P > (1 - \alpha + \beta)(F + Ma) \qquad (5-5)$$

式（5-5）是一个一家银行确信其他银行违约时也一定违约的条件。

如果银行 j 不违约，则银行 i 违约可被扣押的资产增加至 $FY_{ki} + Ma + P_{ji}$，其中 P_{ji} 为银行 j 向银行 i 承诺的支付。这样，j 结算意味着 i 也会付诸结算，其充要条件是：

$$FY_{ki} + Ma - P_{ik} + P_{ji} > \alpha(FY_{ki} + Ma + P_{ji}) + (1 - a)M \qquad (5-6)$$

假定违约会降低 i 向 k 的支付，即

$$\beta(FY_{ki} + Ma + P_{ji}) < P_{ik} \qquad (5-7)$$

令 $a = 1$，$P_{ik} = P_{ji}$，Y_{ki} 为一个单位，则由式（5-6）、式（5-7）可分别得到所有银行不违约的对称均衡：

$$\left(\frac{(1 - \alpha)}{\alpha}\right)(F + Ma) > P \qquad (5-8)$$

$$\left(\frac{\beta}{1 - \beta}\right)(F + Ma) < P \qquad (5-9)$$

式（5-5）和式（5-8）分别表示银行共同确认的违约和共同确认的结算定价条件。当 P 落在区间（$(1 - \alpha + \beta)(F + Ma)$，$[(1 - \alpha)/\alpha](F + Ma)$）时，要么共同违约要么共同结算。由于各方讨价还价的价格 P 落在区间（C，F）之内，从而，满足式（5-5）和式（5-8）的条件是

$$(1 - \alpha + \beta)(F + Ma) < C \qquad (5-10)$$

和

$$[(1 - \alpha)/\alpha](F + Ma) > F \qquad (5-11)$$

进一步，满足式（5-10）和式（5-11）的充分条件是：Ⅰ.银行可扣押的来账 Ma 为零；Ⅱ.破产分配份额 α 和 β 满足 $\alpha < \beta < 1/2$；Ⅲ.结算资产的剩余不会太大，即 F/C 接近于 1。条件Ⅰ和Ⅱ保证式（5-11）成立，而条件Ⅰ、Ⅱ和Ⅲ确保式（5-10）成立。条件Ⅰ和Ⅱ对银行的财富施加了限制，意味着在某种情况下银行存在违约动机；而 $\alpha < \beta < 1/2$ 又使违约者得到较高的资产份额。

根据以上论述以及条件Ⅰ、Ⅱ和Ⅲ，在全额结算系统中，对称均衡使得所有银行要么都提供最终产品，进行最终结算；要么都违约，不提供最终产品，即没有交易。后者表示出现"死锁"。支付中出现死锁并非是因为对银行投资价值的不确定性而引起的，而是银行间缺乏信任导致的结果。因为任何一家银行违约会带来所有其他同业机构债权在优先次序上的损失，从而其他银行发现违

约是他们最好的选择。如果银行预料到这种高成本的后果，他们将不会扩大日间信用，不会有交易发生。但是，如果发生流动性问题的银行受到政府或央行安全网的保护，以至于所有银行和公众认为银行太大而不可能破产，政府在支付系统中会提供足够的担保，这种情况下死锁就能够解除。能够解决死锁的另一个有效办法是出现流动性问题的银行预计会有足够的来账资金，且来账资金必须优先用于偿债。实践中，在由中央银行运行的垄断性的支付系统中，支付系统参与者的约束条件之一就是来账用于抵债。

提高债权人优先级的第三种方式是使用担保机制。假设每家银行的抵押品禀赋的一定比例 γ 必须存入支付系统账户作为担保。然而担保品的留置具有成本，因此担保品被退回时所具有的价值只能用其可用价值 C 衡量。如果所有的银行都开始履行合同，并交割抵押品，当所有其他银行决定违约时，若下式成立，提供担保的银行违约也是不划算的：

$$\alpha F(1-\gamma) < F(1-\gamma) + \gamma C - P(1-\gamma) + \beta F(1-\gamma) + \gamma C \quad (5-12)$$

式（5-12）的左边是某家银行（如银行 i）违约的所得，右边是 i 没有违约而其他银行违约时的所得。将式（5-12）重新整理得

$$(\alpha - \beta) F(1-\gamma) < 2\gamma C + [F(1-\gamma) - P(1-\gamma)]$$

$$(\alpha - \beta)\left(\frac{F}{2C}\right) < \frac{\gamma}{1-\gamma} + \frac{F-P}{2C}$$

由于 $C < P < F$，可令

$$(\alpha - \beta)\left(\frac{F}{2C}\right) = \frac{\gamma}{1-\gamma} \quad (5-13)$$

满足条件式（5-13）就一定满足式（5-12）。

与用来账抵债相比，采用担保方式会产生 $(F-C)\gamma$ 的机会成本。因此，如果银行能够确保用它们的来账抵债，则担保的方式就是一种次优的选择。

以上关于全额结算的分散化交易中破产处置问题，对债权人和债务人分摊的比例作了限定，即 $\alpha + \beta < 1$，$\beta < \alpha < 1/2$。如果设 $\alpha = 0$，β 接近于 1，则协作失败产生的问题就可消除，因为债权人占据绝对优先权，债务人也倾向于进行结算。相反，如果设 β 接近于 0，而 α 接近于 1，则式（5-5）可以成立，但式（5-8）无法满足，说明共同违约的可能性存在，但共同完成结算的可能性很小，结果是参与者不参与结算，造成死锁。矫正或解除这一问题的有效方式是来账设得足够大，且银行具有某种使这些来账可扣押的有效方式。担保机制也

是一种有效的方式，但随着违约激励的增加，对担保的要求也随之提高。而且，为防止结算阶段的违约，担保要求还必须考虑到潜在的交割失败问题。

此外，抵消算法也可以减少结算延迟。设定发送方限额、根据时间段收取交易费用和信贷费用等也使参与者有动力使支付流不至延迟。

5.2.2　净额结算中的风险与控制

净额结算机制经过轧差、清算和结算三个环节。支付系统中的每一个参与者都有来账支付和往账支付（极端的情况是在一个结算周期内某一个参与者只有一笔来账支付或往账支付），来账支付使银行的贷方余额增加，往账支付将使银行的借方余额增加。轧差是将每个参与者的来账金额（来自其他银行的付款）与往账金额（向其他银行付款）相减，得到一个净额。当净额为贷方余额时为净贷记头寸，当净额为借方余额时为净借记头寸。净借记头寸的银行将结算资产转移给支付系统，后者随之将这些头寸转移到具有净贷记头寸的银行，这个过程是清算过程。结算则是结算资产发生了真正转移。与全额结算系统不同的是，净额结算系统中，一个净借记者发生的违约会直接影响到整个支付系统，扰乱正常结算。特别是在多边轧差机制中，一方的违约使其他方与违约方之间以及其他方之间的债权债务关系发生变化，不得不重新进行计算，这会带来结算风险。例如，一些净额轧差系统有明确规定，接收支付款项的银行要立即贷记其客户账户，这样接收行就处于风险之下，因为客户有可能提取资金或再转账。如果最终结算没有发生，接收行不会从发出行收到资金。

因此，在净额结算系统中，一般采用由中央对手对直接参与者设置净借记限额的方式控制风险。净借记限额由授信额度、质押品、清算账户圈存资金等组成，系统对直接参与者发起的业务进行控制。当系统参与者的净借记头寸超过限额时进入排队机制，并通过灵活的多边撮合功能提高支付业务处理效率。然而，进入排队机制并不意味着风险的消失，还必须通过施加进一步的限定，确保结算的最终完成。

第一种通行的规则是释放规则或称结算解退规则。如果银行违约，它的交易被从当日交易中剔除；结算净头寸在其他银行之间重新计算并按照正常的程序进行结算。这种方式将流动性压力及失败的银行可能带来的潜在损失重新分配给了系统中的其他参与者。在净额结算中，在释放（解退）规则下，交易中止的可能性较大。这一规则把违约者的交易从结算链中去除，违约者没有受到明显的损失，但其他参与者可能从净贷记头寸变为净借记头寸，他们不得不筹集资金，以便在结算之前满足其新出现的债务。如果被迫成为净借记头寸的银行无法筹集到资金弥补他们的净借记头寸，则他们的交易紧接着会被删除掉，对其他机构产生连锁反应。大卫·哈弗雷通过模拟研究①，估测一家参与者无力支付引起的解退对其他机构产生的连锁反应。运用 1983 年美国自动清算所跨行支付系统的数据进行的模拟表明：如果一家大的参与轧差的银行无力支付，将导致其他近一半参与者无力结算。

第二种通行的规则是"兰弗鲁斯规则"（BIS《兰弗鲁斯报告》，1990），银行必须设置担保品作为参与支付系统的条件之一。"损失共同承担"规则特别要求银行留置的担保额至少足以覆盖任何单个成员的违约。依据前述分析，担保的要求满足式（5－13），交割与结算均衡可以达到。

第三种通行的规则是建立中央对手方清算机制。中央对手方（CCP），是指在证券交割过程中，以原始市场参与人的法定对手方身份介入交易结算，充当原买方的卖方和原卖方的买方，并保证交易执行的实体，其核心内容是合约更替和担保交收。合约更替是指买卖双方的原始合约被买方与 CCP 之间的合约以及卖方与 CCP 之间的合约所替代，原始合约随之撤销；担保交收，是指 CCP 在任何情况下必须保证合约的正常进行，即便买卖中的一方不能履约，CCP 也必须首先对守约方履行交收义务，然后再向违约方追究违约责任。与双边轧差相比，以多边轧差为特征的中央对手方清算机制可以大大减少对参与者流动性的要求，极大提高清算效率；由于中央对手方充当市场中交易双方的共同对手，使得交易者无法知道，也不必知道真正对手方的真正面目，保证交易能够以匿名方式进行，因为中央对手方的信用取代了交易者的信用，使得信用风险显性化；中央对手方通过规范交易市场中数据传输标准、提高后台系统的稳定性，以及完善支付和对账程序等措施，实施交易数据集中管理和查询，能够明显提高市场透明度。市场参与者可以更好地进行持续盯市，计算保证金需求和评估风险敞口。

---

① 大卫·哈弗雷：《支付最终性与结算失败的风险》，载安东尼·桑德斯，劳伦斯·怀特主编：《金融市场技术与规章》，1986；转引自布鲁斯·萨莫斯主编：《支付系统：设计、管理和监督》，中国金融出版社，1996。

但中央对手方清算机制也有明显的不足。由于中央对手方聚集了大量的违约风险，一旦风险管理措施失当，负面影响巨大。因为中央对手方并没消除市场上的信用风险，而是重新分配信用风险，将单个投资者面临的双边信用风险转换为中央对手方标准化的信用风险。一旦中央对手方也被怀疑存在资不抵债的可能，整个市场交易可能停止。

5.2.3　全额结算与净额结算风险比较

假设 α 足够大，β 足够小。在全额结算中，如果银行不能事先保证用来账清偿债务，则造成死锁的可能性将占上风；如果银行能够事先保证用来账清偿债务，来账的数额足够大时，结算能够最终完成；在有担保要求的情况下，交割和结算都能完成的前提条件是满足式（5－13），且须有

$$F(1-\gamma) + C\gamma > \alpha(F+C)(1-\gamma) \qquad (5-14)$$

即 α 较大时，γ 也必须足够大，这意味着抵押的成本较高。可见，担保方式劣于用来账清偿债务。

如果来账资金能够及时用于抵偿债务，全额结算的效率较高，并且能够支持不使用担保机制的交易。如果不得不使用担保，则净额结算优于全额结算，这是因为全额结算方式下担保要求高于净额结算。另外，在全额结算中发生死锁性均衡的现象在净额结算中发生的可能性较低，而且净额结算中结算延迟的可能性也大大低于全额结算。在净额结算中，由于采用中央对手机制，弗里曼（Freeman，1996）和格林（1997）的研究表明，净额结算的效率源自中央对手方持有的、比分散化的债权（大额支付中的情形）可实施性更强的债权，前提是中央银行拥有对银行来账支付的优先要求权。

5.3　运行风险及其管理

随着支付体系的快速发展，世界范围内对运行风险的关注度越来越高。在过去二十多年中，支付体系的运行风险导致一批大的金融机构遭受巨大的直接损失，其潜在影响和间接损失也是巨大的。例如，1985 年纽约银行发生的 28 小时计算机故障，导致其无法从事与证券相关的交易活动，结果是该银行不得不从美联储贴现窗口借入高达 200 亿美元。其他金融机构则不得不滞留了大量额

外的现金，这些机构处理这些额外的资金的努力使联邦基金利率降低了 300 个基点。另一个典型事例是，2000 年 4 月，伦敦股票交易所因交易系统软件发生故障而造成停止交易近 8 小时。通过伦敦股票交易所获取即期价格来估价期货合同的伦敦国际期货交易也受到了影响。由于无法调整在英国的资产组合，导致大量的投资者卖出欧洲股份，使欧洲的交易价格下跌①。相比之下，"9·11"事件本身带来的影响更加巨大。运行风险会造成市场风险、流动性风险和信用风险。从国际支付体系的融合趋势考察，运行风险的管理也越发凸显出重要性。金融部门的全球化和跨国公司的全球化发展使跨境支付交易量迅速增长，金融工具（包括支付工具）不断创新对支付体系提出了更加复杂的要求。如跨境支付持续结算系统（CLS）联结了数十家不同币种的大额支付系统，并使多数被连接的大额支付系统运行时间延长。这些网络中的某些要素发生问题将会产生大面积的、持续的连锁反应。技术进步越来越支持直通式处理，并易创造规模经济效益，但在另一方面，愈加复杂的技术也加大了识别运行风险的困难，一旦出现故障，所需的恢复时间也会更长。与此同时，依靠手工方式替代技术流程的可能性也在降低。时间敏感型的交易支付需求的提高对支付系统运行可靠性提出了更高的要求。所有这些变化增加了运行风险管理的复杂性。

　　根据运行风险的表现、来源及管理控制措施的不同，可以将运行风险划分为来自交易支付业务层面的风险和来自技术层面或基础设施保障层面的风险。尽管这两类风险在实践中有时难以截然区分，存在交叉传染，但两者仍具有各自的特性。业务层面的运行风险直接导致流动性不足和结算风险，技术层面的运行风险则直接导致支付系统基础设施本身的功能障碍，进而造成相关交易系统和支付流的中断。另外，根据风险的初发性特征，还可以将运行风险划分为单个机构（支付系统参与者）产生的风险和跨行支付系统运行风险。

5.3.1　国际支付结算体系委员会（CPSS）关于运行风险的管理与控制措施建议

　　关于运行风险的管理与控制，BIS 的支付结算体系委员会（CPSS）提出过具

---

① Kim MicPhail: Managing Operational Risk in Payment, Clearing, and Settlement Systems, *Bank of Canada Working Paper*, 2003 - 2.

体的建议。BIS 发布的兰弗鲁斯报告（Lamfalussy Report，1990）第 6 条原则就净额结算机制运行风险问题明确指出，"所有轧差机制都应确保技术系统的运行可靠性和备份设施的可用性，以保证每日交易处理任务的完成"。《重要支付系统核心原则》（CPSS，2001）第 7 条要求，"系统应该确保高度的安全和运行可靠性，应该对及时完成日常支付处理具有缜密的安排"。《国家支付体系发展通则》（CPSS，2006，P_{52}）就防范跨系统风险提出了一系列解决方案：系统之间的通信和报文格式标准应统一，最好采纳国际统一标准；系统间应当有可靠快捷的连接方式；相互联结的系统应当在法律和金融风险的分担方面具有明确的协议，以利于系统中的任何一个失败时造成的额外损失能够分摊；要有能够连贯一致地处理每个系统中的主设备甚至整个系统中断运行的具体措施，包括备份机制。对每个系统参与者的内部系统的瘫痪也要有完备的应急处置程序。

巴塞尔银行监管委员会（BCBS）对银行业在支付领域的运行风险非常关注，从银行业稳健经营的角度，对运行风险提出了资本充足性要求，引入激励机制促进银行部门向高级的风险管理方法过渡。根据《巴塞尔新资本协议》（Basel Ⅱ，2003)[①]，银行活动及其风险分配可分为八个方面，包括公司治理、贸易和销售、零售银行业务、商业银行业务、支付和结算、代理服务、资产管理、零售经纪。其中，支付和结算风险是运行风险的一个重要组成部分。在运行风险的管理方面，必须在技术层面上达到：第一，高度的可靠性。系统须采用高可靠性的网络和计算机设备，并具备足够的冗余和可选路由；软件也要高度可靠，以保障系统可靠运行。第二，高度的安全性。对参与系统运行和维护的人员进行严格的分类限制。进入系统必须通过严格的口令检查和身份识别，节点之间的支付业务和信息的传输采取加密和加押措施，并进行法律和技术确认；数据存储采取加密等安全保障措施。应保证各个节点之间数据传输、存放的可靠性、完整性、保密性；所有的报文和文件信息要按规定可靠保存，方便检索。严格对外来数据的检测，严防病毒侵害。第三，很强的故障恢复和重新启动能力。必须保证有完备的系统备份和恢复策略。当发生故障时能迅速恢复和重新启动；系统必须具有控制停运的功能，便于系统的维护，保证系统在停运和恢复业务时业务的连续性和完整性。第四，要有强有力的应急处置和灾难

---

① 见 www.bis.org。

备份系统。支付系统总中心采取双机热备份，要建有异地灾难备份中心。

运行风险管理的另一个层面是最低风险资本要求。《巴塞尔新资本协议》（Basel Ⅱ，2003）提出了三种基本的计量方式：基本指标法（BA）、标准法（SA）和高级计量法（AMA）。按照基本指标法，单个银行的运行风险资本由总收入乘以一个固定比例（15%）获得。这种方法简单易行，且只适用于做简单业务的小银行。按照标准化方法，应对运行风险的资本充足率要求采取不同领域加权计量的方式，能反映不同业务特点银行的不同风险，计算公式是

$$C_{op}^{SA} = \sum_{i=1}^{8} \beta_i \times GI_i$$

式中，C_{op}^{SA} 表示运行风险的资本充足率要求，GI_i 表示前三个年度平均每年的总收入。$\beta_i \in [12\%, 18\%]$，$i = 1, 2, \cdots, 8$。八个领域的权重分别是：公司金融 18%、支付与结算 18%、贸易与销售 18%、代理服务 15%、零售银行业务 12%、资产管理 12%、商业银行业务 15%、零售经纪 12%[①]。而支付和结算领域所对应的 GI 值用年清算总量来计算。此外，Basel Ⅱ 还要求按照预期和意外损失修正操作风险资本要求，如信用卡诈骗损失等。按照内部计量法，银行业务划分为若干类型；对每种业务或损失类型规定一个风险指标（EI），代表每个业务类型操作风险的大小；银行根据内部损失数据为每种业务/损失类型计算出一个代表损失事件发生概率的参数（PE）和一个代表损失程度的事件损失值（LGE）；用 EI × PE × LGE 所得的乘积计算每个业务/损失类型的预期损失（EL）。银行监管当局为银行的每个业务/损失类型规定一个转换系数 γ，将预期损失转换成资本要求。γ 代表在一定的置信度内每一个持有期内最大的损失量。这样，一家银行应对操作风险的全部资本要求的计算公式如下

$$资本要求 = \sum i \sum j [\gamma(i,j) \times EI(i,j) \times LGE(i,j)]$$

其中，i 表示业务类型，j 表示风险类型。

5.3.2　防范运行风险的业务连续性策略与实施

运行风险的管理和控制涉及系统运营者、系统参与者和结算代理人。在重

---

① β 值的计算方法为：β = ［现行最低监管资本的 20% × 业务权重数（%）］/Σ 样本银行业务类型财务指标。在支付和清算领域，业务类型财务指标值用年清算能力来衡量。

要支付系统如大额支付系统或全额结算系统中，系统运营者和结算代理人往往是中央银行，系统参与者中绝大多数是银行业金融机构。《巴塞尔新资本协议》有关支付与结算运行风险的管理最低资本要求主要针对支付系统参与者，即单个银行业金融机构；技术层面的要求则主要针对支付系统的运营者，既包括商业银行自身系统，也包括跨行支付系统。

运行风险的实际水平及其可容忍的限度之间总是存在着一定的差距。就支付体系的单个参与者而言，正像结算风险中所呈现的那样，弥补单个金融机构产生的这种差距可有多种选择：如退出结算业务、中断某些功能、通过市场化方式对某些风险进行保险或对冲某些风险，或者通过高投入（如持有高准备金或高资本金）降低风险。但就全国性的支付清算与结算系统而言，"退出某项业务"是不可行的，因为它是金融业的重要基础设施，在有些国家甚至是唯一的设施，最低资本要求毫无意义，系统也不可能终止任何方面的支付服务。所以，应对重要支付系统运行风险的有效方法是：针对这些网络的每个要素，投入大量的资源以避免严重的运行事件发生，或者建设应对突发事件的安全网。在这方面，针对运行风险的各种来源，可采取的措施包括：制订稳健而规范的业务连续性计划并进行演练，减少因意外事件造成支付系统无法正常工作；建设灾难备份系统，应对完全不可测事件以及业务连续性计划完全无法处理的事件。加强内部控制，为人员或系统错误与潜在的严重后果之间建立缓冲带，通过培训减少员工出错的可能性；建设支付管理信息系统，及时收集、汇总、分析、报送技术的和业务的支付信息，检测运行风险的变化源以及这些变化对风险损失分布的影响，从而为运用相关数据判断风险损失与可容忍度之间的差距、制定解决问题的因应措施提供依据。

业务连续性计划是为防范重要支付系统运行风险而创建的一套完整的应急计划体系，目标是保障支付系统运行的连续性和完整性，保持支付体系畅通和公众对货币转移机制的信心。欧洲中央银行（2006年6月）给出的业务连续性计划（BCP）定义是：一个清晰定义的妥善保存的计划，用于业务连续性受到突发事件、灾难或危机冲击时保持并恢复这种连续性。业务连续性计划也指灾难恢复计划（DRP），与《系统性重要支付系统核心原则》是衔接的。从该原则第7条至少可以提炼出业务连续性计划的四个方面的要素：一是定义良好的业务连续性策略和监督机制，主要目标应定为同一个结算日内系统的关键性功能能够恢复并继续发挥作用。二是能够涵盖各种可能发生事件的业务连续性计划，这些事件至少包括较大的自然灾害、主要设备运行中断、大面积的恐怖袭击、重要疫病传染等。支付系统必须具有备份场所和备份系统，保证其中一个以上系统瘫痪时其他系统能立即正常处理支付业务。三是建立定义良好有效的危机管理和通信管理流程。支付系统运营者应建立专门的危机管理机构、结构合理的正规的管理危机程序和危机期间的通信秩序。四是规范的基于整个行业或局部地区的反复演练制度。

为使同一结算日内系统的关键性功能能够恢复并继续发挥作用，需要主系统与其连接的其他业务系统之间，以及各业务系统之间建立密切而规范的协作关系。关键性的功能包括重要支付系统所要求的功能或服务不依赖于外部资源，或即使关键性的功能或服务在外包给外部提供者时，也必须是支付系统连续性计划中不可分割的一部分，其任何变化都不能违背业务连续性计划。因而必须对这部分功能或服务采取足够的控制措施，确保其在连续性基础上提供服务。

一般而言，在一个结算日内恢复系统的关键性功能并继续发挥作用只是总体要求。对于紧急的或需求急迫的支付，重要支付系统应当最长能在系统中断后两小时之内提供相关服务。欧元区大额支付系统第二代（TARGET Ⅱ）就运用了这一标准。此外，重要支付系业务连续性计划还必须包含确保其关键性功能提供最低水平的服务安排，例如保证与该系统相连的其他支付系统结算业务的正常进行，保证金融市场流动性和实施货币政策所需的支付。在极端的情况下，如主中心和备份中心均遭到破坏，时间紧迫的支付能够在同一结算日内得到结算。为达到这些目的，业务连续性计划必须包含人工处理、纸基处理和基本的电脑终端处理方式，保留用物理媒介传递数据的手段。

能够涵盖各种可能事件的业务连续性计划，首先，要对各种可能事件进行列示，估计其发生的可能性、这些可能性带来的威胁、对系统产生的金融和运行方面的影响。通过业务影响分析，能够使系统建立起全方位应对突发事件的计划，从而在保证业务连续性所需的投资与风险暴露之间达成平衡。其次，在识别事件的风险影响时，需要考虑的是系统中断的持续时间。主中心在遭到严重破坏、造成人员损失情况下，恢复时间会很长。因此，要针对避免关键人员的损失作出安排，使损失最小化。再次，重要支付系业务连续性安排应当至少包含一个本地的辅助处理中心，采取镜像技术存取主中心当前的远程实时交易支付数据。辅中心必须是能够运行的，且具有足够的处理超过正常营业日交易规模的能力。辅助处理中心不宜与主中心在一起，否则人力资源、基础设施同时受到破坏时辅中心的作用无法发挥。另外，主中心和辅中心的地址应当保持隐匿性。最后，对支付系统中关键性的参与者必须进行足够严格的约束。因为支付系统关键参与者在技术上的失败有可能引发系统性风险，鉴于此，被支付系统运营者认定的关键参与者也应具有辅助处理中心，并作为参与支付系统的先决条件。

定义良好的危机管理流程必须在识别和迅速应对危机方面清晰而准确。危机管理机构的知识技能应全面多样，与支付系统参与者、监督者，以及其他有关各方建立密切的合作关系和通信联系。危机管理应当具备正式的、准备充分的程序、机制、通信渠道，以便危机期间着手处理发生的所有问题。清晰而准确的信息流对于危机通信管理非常重要，这有助于支付系统参与者及有关各方依据信息迅速作出决定，避免信用问题和流动性问题的恶化。系统运营者应为内部的和外部的通信确定清晰的和细化的危机通信管理流程，能够迅速规范地通知系统参与者及其客户、其他金融服务提供者、监管者、媒体等有关事件的情况及其对支付服务的影响。良好的通信行为应当能够涵盖危机之后传递共享信息的所有替代性工具，如卫星通信网、远程地面通信网、互联网等。而具有可靠的和及时的信息单一来源在克服危机方面起着决定性的作用。

最后，业务连续性计划的所有要素都必须进行规范的演练，包括系统参与者和其他有关各方。定期规范的业务连续性演练对于确保计划的有效、成功和较高的效益成本比起到重要作用。演练的频率与彻底性取决于被列入演练中的功能和过程是否关键，以及演练的规模、成本与复杂性。一般而言，有关业务连续性计划的演练至少应当每年进行一次，对于关键的功能或服务，演练频率应更高。如果服务功能有重要变化或基础设施有重要更新，演练应及时进行。业务连续性计划的演练应包括检验计划本身充分性、完整性，估价外部服务提供者的协作需求，检验演练目标是否达到，特别是对以往系统运行失败的教训进行考量。通过对演练过程及其结果进行存档，记录观察到的数据、问题和解决途径；通过对辅助系统进行完整的处理实际业务能力演习，检查辅助系统应急机动反应能力和运行特性。重要支付系统的运行人员必须参与应急过程训练，这些人员最好全程参与业务连续性计划和演练计划的开发与设计。除此之外，演练的内容还应包含重要支付系统的辅助系统与至少是关键参与者的业务连续性设施之间的协作、数据传输能力与完整性。鉴于金融体系作为一个整体，其各部分之间具有高度的相互依赖性，因而在行业范围内进行应急和业务连续性措施演练是十分必要的，包括与该重要支付系统相连的系统、所选择的参与者、市场基础设施、金融管理当局、关键服务的提供者等。

5.4　系统性风险及其管理

系统性风险对一国的金融稳定具有至关重要的影响。金融体系中存在着一系列为国内的和国外的金融机构提供资本分配手段的市场和管理流动性风险、市场风险及其他类型风险工具的市场，包括同业市场、外汇市场、商业票据市场、政府与机构证券市场、公司债市场、股票市场和衍生产品市场等。保证这些市场顺畅运行的要素包括提供清算与结算服务的批发类支付系统和其他金融基础设施。这些实体及其参与者发生问题会对其他系统、设施和参与者带来运行障碍，支付链条的中断将严重阻碍整个金融体系的运行与稳定，并且会使整个支付体系中参与者的行为方式发生改变。例如[1]，为了减少损失，参与者可能会独自行动，作出一系列不利于合作的安排，这进一步加重了系统恢复到正常状态的困难。2001 年美国"9·11"事件期间，处在金融中心的曼哈顿区通信系统遭到巨大破坏，许多银行无法进行相互间的支付。一部分银行不能进行支付也阻碍了其他银行利用来账支付完成往账支付的可能。当大量的银行收不到来账支付时，其中一些银行迟迟不肯发送往账，其结果是流动性短缺的累积。美联储不得不动用贴现窗口，向市场提供了 1200 亿美元的资金，相当于日常融资额的 8 倍。

Hendriks, Kamhu 和 Mosser（2006）[2] 认为，系统性风险的关键性特征是经济和金融系统内从一种（正的）稳定均衡向另一种（负的）稳定均衡的运动。因此，对系统性风险的研究应该集中在对转化为一种新的但非常不理想的均衡

---

[1] Morten L. Bech from Federal Reserve Bank of New York, Rod Garrat from University of California Santa Barbara: Systemic Risk in the Interbank Payment System due to Wide – Scale Disruptions, Oct. 2006, from www. riksbank. se.

[2] 同①。

阶段的潜在原因和传播机制的考察。正是不断增强的自反馈机制使经济和金融系统陷入这种均衡。

5.4.1 结算期选择的同时行动博弈

依据上述思想，可以建立一种稳定均衡向另一种稳定均衡转移的博弈模型[①]。(1) 假设某一国家或地区由中央银行建设和运行的大额支付系统 RTGS (系统性重要的支付系统) 拥有 N 家类似的银行参与者，其规模实力相当。银行的基本目标是使结算成本最小化。支付系统的基本规则是任何一笔支付必须在日间完成结算。(2) 假定在一个营业日开启时，所有银行在中央银行的结算账户余额为 0。在营业日的上午，每家银行都应客户的请求向其他 ($N-1$) 家银行的一个客户分别进行往账支付，金额为一个资金单位。在这种情况下，银行可有多种选择，或者在上午全部处理这些请求，或者在一天内持续处理，或者全部集中在营业日终了前处理。银行为完成支付要求，必须在中央银行账户上存入一定量的备付金；如果资金不足，可向中央银行借款或进行同业借贷。如果向中央银行借款，可采取质押方式但不收取其他费用，也可没有质押但中央银行收取费用。为简单起见，银行竞相使用这两种方式使得付出的成本等于没有质押情况下央行收取的费用，每单位资金借款付费 F。根据假设 (1)，银行为减少付费，可能会推迟往账支付和结算，等待来账资金。但其付出的代价可能是顾客和对手方不满意，因为这给他们带来较大的不确定性甚至是显性的成本。推迟结算还可能在营业日终了前无法完成结算。而且更为重要的是延迟结算会延长参与者相互间面临的信用风险暴露的时间。假定延迟结算带来的单位资金的成本为 D。

根据假定，参与博弈的参与者集 $N = \{1, 2, \cdots, n\}$，每家银行 i 策略集是 $S_i = \{m, l, a\}$，m 表示所有支付请求都在上午完成结算；l 表示支付请求在一个营业日内均匀结算，a 表示所有支付请求都推到下午营业日终了前完成结算。但考虑到结算风险和运行风险的特点往往是结算延迟或无法持续结算，而且从结算风险的角度考察，m 明显优于 l，故策略 l 可以剔除，这样银行 i 的策

---

① 该模型参考了 Morten L. Bench 和 Rod Garrat 的思想，见 Morten L. Bench 和 Rod Garrat：Systemic Risk in the Interbank Payment System due to Wide – Scale Disruptions, 2006, http：//www. riskbank. se/。

略集简化为 $S_i = \{ m, a \}$。银行 i 的结算成本依赖于所有银行采取的策略，用 $c(s_i, s_{-i})$ 表示。其中 $s_i \in S_i$ 是银行 i 采取的策略，$s_{-i} \in S_{-i} = {}_{\times j \in N-i} S_j$ 是（$n-1$）维的对手策略。银行 i 的支付函数等于结算成本函数的负函数

$$\phi_i(s_i, s_{-i}) = -c(s_i, s_{-i}) \tag{5-15}$$

银行 i 在上午完成结算所发生的结算成本是在中午前发生的透支成本。而中午的透支由下午进行结算的银行数量给出，如图 5-2 所示：

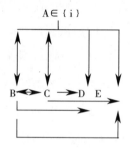

图 5-2　银行间支付的结算期安排与成本

假定 A、B、C 三家银行都在上午进行结算，而银行 D、E 在 A 发送给其往账后，并没有在上午时段向 A 银行发回相同数量的资金。这样 A 银行的成本是因向 D、E 发送往账以完成结算所发生的透支费用。相反，由于 D、E 在下午结算，其结算成本是延迟支付的价值乘以每单位资金的延迟成本。在两种策略选择下，银行 i 的支付函数由下式给出

$$\phi_i(m, s_{-i}) = -(n - 1 - |s_{-i}|_m) F \tag{5-16}$$

$$\phi_i(a, s_{-i}) = -(n-1)D \tag{5-17}$$

式（5-16）、式（5-17）中，$|s_{-i}|_m$ 是 s_{-i} 策略集中，采取上午结算策略的银行数量，如上例中的 B、C；F 表示银行在某一期的期末出现账户透支时，单位资金收取的费用；D 表示银行延迟支付单位资金付出的成本。式（5-16）、式（5-17）分别说明，当银行 i 选择策略 m，其支付取决于其他对手银行选择策略 m 的数量；如果银行 i 选择策略 a，其支付独立于对手所选的策略。故式（5-16）、式（5-17）可一般化为

$$\hat{\phi}_i(m, |s_{-i}|_m) \equiv \phi_i(m, s_{-i}), \quad \hat{\phi}_i(a, |s_{-1}|_m) \equiv -(n-1)D \tag{5-18}$$

如果 $F < D$，即筹集日间流动性的成本低于结算延迟带来的成本，则唯一的纳什均衡策略是（$m, m, \cdots, m$）；如果 $F \geq D$，即日间流动性成本高于或等于

延迟结算的成本，则纳什均衡策略是 $(m, m, \cdots, m)$ 和 $(a, a, \cdots, a)$。因为，从式（5–16）、式（5–17），对于任意的 $i \in N$ 有

$$\hat{\phi}_i(m, n-1) = -[n-1-(n-1)]F = 0 \geqslant \hat{\phi}(a, n-1) = -(n-1)D < 0$$

这意味着均衡策略 $(m, m, \cdots, m)$ 与 F、D 的大小无关。如果 $F \geqslant D$，则对任意 $i \in N$ 有

$$\hat{\phi}_i(a, 0) = -(n-1)D \geqslant \hat{\phi}_i(m, 0) = -(n-1)F$$

从而 $(a, a, \cdots, a)$ 是这一条件下的纳什均衡。

如果对手方选择上午结算策略的数量满足 $0 < |s_{-i}|_m < n-1$，这表示至少有一家银行选择了策略 m，并且至少有一家银行选择了策略 a，以使

$$\hat{\phi}_i(m, |s_{-\{i,j\}}|_m) \geqslant \hat{\phi}_i(a, |s_{-\{i,j\}}|_m) \tag{5 – 19}$$

$$\hat{\phi}_j(a, |s_{-\{i,j\}}|_m + 1) \geqslant \hat{\phi}_j(m, |s_{-\{i,j\}}|_m + 1) \tag{5 – 20}$$

然而，依据等式（5–17），式（5–19）的右边应等于式（5–20）的左边，这意味着式（5–19）的左边大于式（5–20）的右边，这与等式（5–16）相矛盾。因此，均衡的策略只有可能是 $(a, a, \cdots, a)$ 和 $(m, m, \cdots, m)$。当 $F \geqslant D$ 时，所有市场参与者选择策略 $(m, m, \cdots, m)$ 是比较明智的，即所有银行在同一支付时段内的来账与往账互相抵消，结算成本对于个体和总体而言都是最低的。虽然所有银行均选择 a 策略也是一种纳什均衡，但延迟支付产生的信任成本几乎是一样的且无法相互抵消。

5.4.2 应对支付系统发生潜在系统性风险的策略选择

当经济中出现突发性的大规模破坏性力量，使参与支付的一部分银行无法从事正常的支付时，这部分银行暂时被迫采取策略 a，系统中的均衡将被打破。破坏性的大小可以用受到危害的银行的比率来衡量（如果银行实力相仿）。本章在定义系统性风险时描述了三种表现形式：第一种表现是破产银行解除净额结算系统中所有来账和往账支付指令或全额结算系统中发生死锁引发的大范围流动性问题。第二种表现是银行的失败通过信贷链进行传播，触发金融体系中的多米诺骨牌效应。第三种表现是宏观经济风险波及证券市场和其他资本市场，反过来影响到支付体系。三种表现形式的共同特点是银行破产。在以上讨论中，在一个营业日内，如果一家或一组银行因某种特定原因而突然破产，好银行将收不到本应来自破产前银行的来账支付，流动性发生短缺。好银行可能通过向

央行借款来支付债务，但这时 F 可能会大大提高；也可以继续等待其他好银行的来账，但市场信心的下降使所有的好银行等待来账而不愿意主动发出往账，这意味着整个支付系统发生了死锁。在重要支付系统中，死锁将使支付系统所连接的金融市场的交易支付中断。

另外一种系统性支付风险发生在交通、通信、电力，或其他关键基础设施要素在某一区域甚至跨区域瘫痪，主要的支付无法进行，但银行业本身是健康的这种情形。与前面的分析不同的是，在讨论这类风险时，假设银行业内部存在异质性，不同的银行实力和规模，以及作为系统参与者的业务量有很大差异，往往最大的几十家银行的支付业务量占整个支付系统交易量的绝大部分。因而金融部门对不同类型冲击的承受能力在很大程度上取决于同业间的相互关联性、大银行的稳健性等因素。

发生以上状况时，最佳的化解策略是中央银行提供低成本的透支，予以及时救治。

5.5　中央银行对支付体系的监督管理

各国的中央银行作为支付体系的促进者、服务提供者和监管者，在多方面发挥重要作用。首先，中央银行始终提供结算账户和最安全的结算资产，即中央银行货币。中央银行可以通过数量方式、价格方式以及担保限制等方式提供流动性支持。其次，中央银行通过重要的支付系统实施货币政策操作并向其客户提供服务，绝大多数中央银行自己运行这类支付系统。再次，为追求与货币政策、金融稳定相适应的公共政策目标，中央银行力图影响支付系统的设计与功能。最后，随着支付工具的不断创新，由私人部门运行的零售支付系统增加，私人性的支付清算服务组织大量涌现。这些私人部门没有足够的动力和能力关注网络负外部性带来的系统性风险，中央银行出于追求公共政策的安全与效率目标，有义务指导和影响这些私人性系统和组织。另外，中央银行提供清算、结算和流动性服务的地位使其具有对系统运行和参与者独特的信息优势。总之，中央银行处在支付体系的核心位置，并为维持支付体系的安全稳定运行履行监管职能，以减小和控制因参与者结算支付义务的失败而造成的支付系统震荡在整个经济中传播，确保支付体系畅通地、高效地和公平地为所有参与者和使用者提供服务。

5.5.1　支付体系监管目标

支付体系监管的最终目标应当定位于促进经济发展和维护金融稳定。但与行业监管（如银行监管、证券监管、保险监管等）不同之处在于，后者监管的重点是单个机构的稳健性，而支付体系监管者首要的和最重要的任务是，即使在单个机构破产的情况下，重要的支付系统仍能正常运行。由此，对支付体系监管的具体的最高目标是安全与效率。为达到最终目标，支付体系监管者必须制定适当的中间目标，包括：建设高效、安全与稳定的支付系统；维护市场秩序；拓展支付服务领域和支付服务功能；制止支付领域的违法犯罪。

为使操作目标得以实现，监管者还必须创造良好的市场竞争条件，与市场参与者、其他监管机构开展有效的合作，同时要夯实法律基础。

通常，充分的竞争能够提高资源配置的效率，使市场达到帕累托效率。在支付领域，就绝大多数服务而言，竞争机制仍然是提高效率的良好机制。竞争机制与市场自律相协调有助于诱发出市场参与者的良好行为。在恰当的市场激励机制下，自律行为可通过监督者施加的压力得到强化。但网络经济所具有的规模效应特征使支付系统建设和运营者及其市场份额趋于集中，特别是系统性重要的支付系统本身具有公共基础设施的部分或全部特点，支付体系监管者不可能广泛依靠竞争确保社会福利最大化。因此，监管者必须把加强合作视为提高监管效率的必要条件。监管者与市场参与者的合作能够促进规则、标准的顺利实施，优化支付系统效率，支付系统的设计也比较容易得到认可。同时，合作还能够使市场参与者将监管者的公共政策目标内部化。支付系统监管者与其他相关监管机构的合作能够促进信息互通，并采取协同行动迅速而适当地干预市场行为，使市场参与者必须遵守的规则降到最低限度。

坚实的法律基础是保护参与者和支付工具使用者免遭不公平的权力配置、防范不法行为的保障。在新兴市场化国家，支付体系监管目标的实现常常受到模棱两可的法律条文的阻碍，薄弱的惩处体系使支付交易中的欺诈事件频繁发生。因此，必须建立和健全针对支付体系的法律和规则体系，规范整个支付过程，使支付工具使用者、支付系统参与者以可预见的、及时的、安全的和高效的方式结清其支付义务。发达国家的经验表明，法律基础是支付体系监管的最基本的前提。作为支付体系监管者的中央银行在支持、指导国内立法当局建立和强化支付体系法律条文方面扮演关键角色。

5.5.2　支付体系监管的一般原则

国际支付结算体系委员会（CPSS）在其 2005 年 5 月发布的《中央银行对支付结算体系的监管》中，系统地提出了支付体系监管的标准与一般原则：（1）透明度。中央银行公开出台监管政策，包括针对支付体系的政策要求或标准，以及这些政策所适用的系统标准的确认。这条原则保证了中央银行监管的公开、公平和连续性。（2）国际标准。这些标准包括：CPSS 的《系统性重要支付系统核心原则》（2001）；《中央银行在零售支付方面的若干政策》（2003）；CPSS - IOSCO《关于证券结算系统的监管建议》、《关于中央对手方监管建议》等。（3）有效的权力与能力。中央银行应当确保其获得信息和引导支付系统进行必要修改的权力，以便与监管这些系统的责任相称。实践中，中央银行应当具有足够的资源，如高水平的人员（包括法律、市场、信贷、审计和 IT 方面的专业人员）、强有力的组织保证等。（4）一致性。监管标准应当适用于所有同类业务，包括支付系统、某一系统所使用的工具类型、参与者类型、系统的风险分布等。（5）与其他当局合作。监管合作能够促进公平性、提高监管效率、避免监管政策不一致、监管真空和重复监管。

在国际间的监管合作安排方面，由于涉及跨境和多币种结算，监管主体至少是一家以上的中央银行。《十国集团中央银行同业轧差机制委员会报告》（即兰弗鲁斯报告，1990）对跨境监管原则作出了开创性贡献。《中央银行对支付结算体系的监管》（CPSS，2005）更新了国际间合作监管原则，包括：（1）提示原则。每家中央银行如果认可某一跨境或多币种支付结算系统在实际运行和拟运行，该央行就应当知会对该系统的审慎设计和管理感兴趣的其他中央银行。（2）主体责任原则：跨境和多币种支付结算系统应该主要受已经接受了主监管义务的中央银行的监管，但前提是这家中央银行必须是该系统所在（国）地的央行。（3）支付系统整体评估的原则：承担主监管责任的当局应当定期将系统的设计与运行作为一个整体进行评估，与此同时，该监管当局应当与其他当局进行协商。（4）结算安排原则：某一系统用某一种货币结算的充分性和无法完成结算的充分性的确定应该是发行该种货币的中央银行和承担主监管义务的中央银行的共同责任。

2012 年 4 月，CPSS 与 IOSCO 共同制定完成的《金融市场基础设施原则》（PFMI），针对 2008 年国际金融危机之后，国际社会对构建高效、透明、规范、完整的金融市场基础设施，在防范金融风险尤其是系统性风险发挥基础作用，提出了二十四条原则，要求成员机构贯彻实施。PFMI 包括九个部分：总体架构（法律基础、治理、全面风险管理框架），信用风险和流动性风险的管理（信用风险、抵押品、保证金、流动性风险），结算（结算最终性、货币结算、实物交割），中央证券存管和价值交换结算系统（中央证券存管、价值交换结算系统），违约管理（参与者违约规则与程序、分离与转移），一般业务风险和运行风险的管理（一般业务风险、托管风险与投资风险、运行风险），准入（准入与参与要求、分级参与安排），效率（效率与效力、通信程序与标准），透明度（规则、关键程序和市场数据的披露、交易数据库市场数据库的披露）。此外，该原则还明确了中央银行、市场监管者和其他有关管理部门对金融基础设施的职责。

5.5.3 支付体系监管范围

支付体系监管的范围与监管当局（中央银行和其他相关监管部门）所要达到的公共政策目标密切相关，也取决于法律赋予中央银行的职责。国家间由于这两个因素有较大差异，监管的范围也有所不同。在确定监管范围时，中央银行一个关键性的考虑是必须以前后一致的原则实施政策、要求与标准，以保持中央银行的中立性与权威性。

支付体系的监管范围首先是系统性重要支付系统。所谓"系统性重要"，需具备至少三个特征：占有较高的市场份额，集中了市场风险和多米诺骨牌效应风险。各国中央银行建设和运行的大额实时支付系统都属于这类系统。有关零售支付系统符合"系统性重要"的条件，各国的规定不尽相同，按照欧元体系（Eurosystem，2003）的定义①，市场份额（处理的支付金额在相应的市场）超过 75% 、日均交易金额超过 100 亿欧元、最大 5 家市场参与者通过该系统支付的金额占总金额的 80% 以上，轧差率小于 10% 或净借记头寸大于 10 亿欧元。鉴

---

① 德国中央银行培训教材：Payment Systems Oversight，2006，by Matthias Gobel from Deutsche Bundesbank。

于该类系统的特殊重要性，CPSS 专门制定了《系统性重要支付系统核心原则》，而 PFMI 进一步完善了这一原则。

支付体系监管的第二个重点是中央证券存管、证券结算系统、中央对手方、交易数据库、其他第三方服务提供者等。证券结算是金融体系中的一个重要组成部分，证券结算系统中存在的问题不仅会对证券市场，而且对整个金融体系带来冲击。在证券结算过程中，证券系统中发挥关键性作用的机构发生金融问题或运行方面的问题，或市场主要参与者发生问题会给其他参与者带来严重的流动性压力或信用损失，也会影响中央银行货币政策操作的有效性。对大额支付系统的影响则主要是抵押融资问题。在存在中央对手方及其支付安排的国家或地区，对中央对手方的监管也十分重要。中央对手方通过良好的风险管理安排有助于减少证券结算系统参与者面临的风险，有利于维护金融稳定。但中央对手方自身的风险和责任都比较集中，必须具有充足的金融资源和强有力的风险控制机制。

支付体系的监管范围还应包括非现金支付工具，如支票、支付卡（银行卡）、贷记转账、直接借记、互联网支付、移动支付等。非现金支付工具的运用是支付过程的必要组成部分，用于发起、确认和传递支付指令，藉以实现货币资金从债务人（或买方）账户向债权人（或卖方）账户的转移。随着不同形式的电子支付工具的大量使用和普及，电子支付涉及的欺诈和安全问题日益突出。有的表现为支付工具本身的密码、签名或印鉴被盗用；有的则表现为电子支付工具赖以传递、确认支付信息的基础设施出现技术故障。中央银行在这方面的监管职责主要是设置或制定安全、效率方面的标准，出台相关的政策和指导原则，促进工具发行者、受理机构和相关服务提供者加强技术安全管理和内部控制，防范欺诈和洗钱风险，防止因信息系统中断造成支付过程中断，维护消费者的利益。

支付体系监管的第四项内容是对非银行支付清算服务或第三方服务提供者的监管。非金融类支付服务机构的进入，打破了传统的由银行业提供支付服务的垄断格局，大量的提供信息和金融数据服务的机构涉足支付服务领域。典型的包括银行卡跨行支付服务、网上支付服务机构，电话银行、移动支付服务机构，单用途/多用途储值卡、电子钱包发行机构，POS、ATM 布放服务机构，跨境汇款、信息转接服务机构等。这类机构的风险主要集中在三个方面：一是运行风险，即由这些机构提供的支付信息服务网络面临的运行风险。二是资金风险。有的支付清算服务机构为银行间、银行与客户间支付的资金流的传递提供服务，在债权人与债务人钱货两讫之前会产生资金沉淀，从而构成资金风险。三是金融信息风险。非银行类支付清算服务组织往往建有数据库系统，相关支付信息的不当外露将使相关客户面临信息风险，甚至会对一国国家金融信息的安全带来不同程度的危害。因此，对非银行类的支付清算服务机构的监管问题在不少国家已受到公共监管当局的重视。

5.5.4 对支付体系的监管手段

支付体系监管者必须具备有效的监管手段。如运用规则与激励机制控制市场参与者的进入与退出；通过制定与实施一系列规范，与被监管者开展政策对话，增强政策透明度；通过信息收集、分析与信息披露提示经营状况和潜在风险；通过改善支付系统治理结构提高系统稳定性；通过提供直接的服务促进支付体系的发展，这对于新兴市场化国家具有重要的意义。在向市场经济过渡的国家，市场本身并不能发现向边远、偏僻、人口稀少的地理区域或向贫穷社区提供经济方便的支付服务途径。中央银行作为监管者和支付体系的促进者，有义务保证向不发达地区的使用者提供必要的服务，或提供直接的公共服务，或将服务通过适当形式委托私人机构来完成。

5.5.4.1 法律和规则

法律是支付体系监管的准绳。监管者利用法律授予的权力制定一系列的规则和标准，包括对支付体系的组织、功能、技术特性进行定义；建立重要支付系统基础设施安全标准，如信息的传送、日间流动性和排队的使用、支付指令的退回或撤销、日间最终性标准、收费定价的原则等。通过建立激励约束机制，使得市场参与者在支付服务的成本、效率与安全之间进行权衡，作出选择。

对支付系统进行流动性管理是中央银行监管支付体系、防范流动性风险和信用风险的一个核心环节。除结算模式的设计对支付系统中的风险控制具有基础性作用以外，支付系统管理者提供的流动性管理政策对支付风险具有非常重要的影响。以大额实时支付系统为例。在保证 RTGS 支付的日间最终性这一前提下，如果在日间一个参与者违约，其他参与者从违约的参与者那里收到的支付仍然不受影响。大额实时支付系统由于有中央银行对最终性提供担保，系统性风险因而得以消除。但是，一个系统参与者违约或破产，可能使中央银行承受巨大的处置成本。为使这种处置成本降低到最低限度，除要求参与者依赖排队机制或隔夜信贷满足支付需求外，中央银行还设置了三种日间信贷机制：数量限制、担保信用和价格信用，以及三种方式的各类组合。有些国家的中央银行不提供日间信贷。有担保的日间信贷或质押融资是大额实时支付系统中使用最普遍的一种流动性筹集方式，包括抵押担保和与央行签订回购协议。价格信用则是对日间信贷收取特定的价格以限制信贷的数量。这三种信贷机制对于谁应当承担一家银行违约后的信用风险是有区别的。Craig Furfine 和 Jeff Stehm (1997)[①] 讨论了中央银行在大额实时支付系统中提供的日间信贷机制的选择问题，结果表明，日间信贷机制的选择与中央银行对信用风险和系统性风险的偏好、与流动性管理技术以及与担保的成本有关。第一，中央银行选择提供不设上限的、不收取利息、无须担保的日间信贷的充分条件是：央行认为相关的成本节约是社会成本的节约，提供有担保或无担保的日间信贷的社会成本至少不比其他替代政策下更高。第二，中央银行选择不设上限的、无担保的，但收取贷款费用的日间信贷机制的充分条件是：中央银行认为价格政策是最低的社会成本政策，而有担保信用的社会成本很高。第三，选择设上限的、价格为零、无担保的日间信贷的充分条件是：中央银行倾向于对商业银行施加尽可能少的日间信贷成本负担，而扩大有担保信贷的社会成本又很高，数量限制优于无数量限制。通过数量限制所取得的社会成本节约超过了死锁带来的社会成本以及预期的、额外的流动性管理成本。第四，选择数量不受限的、免费的和完全担保的日间信贷的充分条件是：中央银行认为，从商业银行的角度看满足担保要求是无成本的，而且担保能够避免死锁带来的社会成本。不设数量限制的有担保政策优于设数量限制的担保政策，而满足这一条还有赖于流动性管理的技术成本。有的国家如德国、荷兰、瑞典、法国、英国等选择了这种政策。第五，选择设上限的、免费的、完全担保日间信贷的充分条件是：限制数量的有担保日间信贷带来的社会成本节约超过了死锁和流动性管理成本。比利时和意大利采取这种机制。第六，选择数量受限的、收费的和部分担保的日间信贷机制的

---

① Craig Furfine, Jeff Stehm: Analyzing Alternative Intraday Credit Policies in Real – time Gross Settlement Systems, 1997, *Journal of Money, Credit and Banking*, Vol. 30, No. 4, 1998.

充分条件是：中央银行认为，中央银行能够选择最优的担保水平，使担保信贷与无担保信贷的边际社会成本相等。美国采用这种方式。

5.5.4.2 监管

监管包括非现场监督和现场检查。前者主要通过采集、汇总、分析、反馈信息等方式，对支付体系的运行状况、风险等进行监测。信息的来源是多渠道的，有通过公开渠道获得的关于支付系统设计和性能方面的信息，官方拥有的关于支付系统运行规则、参与者的情况、业务连续性计划信息，支付系统记录的日常支付交易规模、金额、参与者头寸等信息，来自中央银行统计部门和银行业监管机构关于银行业金融机构资产负债表和经营情况的信息。有的国家（如中国）中央银行专门建立了支付体系信息报送体系，定期获得支付系统及其参与者和支付工具、支付服务提供者发生的支付交易数据。有的国家对支付系统的重要参数进行实时监控。如美联储及其分支机构每天都监督重要支付系统的日间透支活动，包括对可用的日间透支借款能力进行授权，检查日间信贷使用水平，审议系统参与者信贷使用情况；监督隔夜透支活动；协助机构理解中央银行账户管理工具和相关政策要求；监测金融机构的健康状况、实施账户控制等。CPSS 成员国和经济体中的绝大多数中央银行（金融管理局）具有现场检查权，必要时通过现场检查获得第一手资料。

5.5.4.3 评估

对支付体系进行评估旨在依赖监督活动取得的信息，就经济体中支付结算安排的总体状况，对照相关标准和原则作出评判，据此形成适当的政策建议。由于支付体系是经济和金融体系的重要组成部分，对支付体系的评估也有利于中央银行货币政策和金融稳定目标的实现。世界银行与国际货币基金组织于1999 年推出了金融部门评估计划。按照该计划，金融部门执行三类标准的情况通常受到评估：第一类是管理和监督标准；第二类是透明度与信息披露标准；第三类是机构与市场基础设施标准。在第三类标准中，《金融市场基础设施原则》（PFMI）已经成为最新的国际评估标准。除了总体性评估外，监管者还可就纳入监管范围的某一个支付系统或金融市场基础设施进行评估，考察其是否符合相关政策和标准。

5.5.4.4 引导

在监督与评估的基础上，中央银行对不符合政策与标准、存在运行风险或效率低、成本高的系统提出修改性的诱导，促使监管对象进行改进。诱导的方式有道义劝告、公开声明、中央银行与系统拥有者之间在自愿基础上签订协议或合同、中央银行直接参与该系统的治理、与其他监管当局合作、运用规则要求更改、强制与惩处等方式（CPSS，2005）。采取哪种方式取决于问题的大小以及改进的难度、被监管者的协作态度等因素。

　　道义劝告是金融业监管中普遍使用的一种手段，在支付体系监管中道义劝告也很重要。这种方式的优点是能够使监管者提出一种清晰而令人信服的改进方案，适用于对支付系统单个运行者或单个参与者的监管。公开声明适用于需要普遍遵守的监管政策或支付市场参与者普遍需要关注的风险，监管者发表公开声明文件符合其透明度和可审计利益。中央银行关于监管目标的政策声明以及特定的政策要求或标准能够促进市场自律，使得被监管者主动检查其系统的设计、运行及市场参与行为是否符合标准，支付工具是否安全，并有针对性地加以改进。中央银行与系统拥有者或系统参与者之间在自愿基础上签订的协议具有特殊的约束力。通过合同或协议的方式确定双方的责任、权利和义务，如自动质押融资协议、加入大额支付系统协议等，有利于对违反标准和规则要求的系统、参与者采取限制措施，责令其进行纠正，直至达到相关标准。当中央银行直接参与支付系统治理时，其参与的方式可以是参股、参加董事会等，取得有关支付系统设计、运行的发言权，特别是对关键性的决策问题具有否决权。中央银行运用法定权力要求更改、采取强制措施、制裁措施等都属于非常手段。但随着支付体系重要性的提高，越来越多的中央银行取得了法定的权力[①]，要求支付系统符合央行的监管要求。除直接获取信息和实施现场检查权以外，这些法定权力还包括批准运行一个支付系统、审批支付系统规则和程序方面的修改，签发停业命令，中止或否决系统成员等权力。在有的经济体（如加拿大、中国香港、意大利、瑞士），监管方面的立法为中央银行设置了行政处罚权，包括罚款和追究刑事责任。

5.5.4.5　结论

　　中央银行作为最后贷款人、货币发行者、银行的银行，承担着维护整个金

---

　　① 根据 CPSS 与 2005 年 5 月发布的《中央银行对支付体系的监管》，该委员会成员 15 个中央银行中，有 7 家中央银行拥有这样的权力。

融体系从而使整个支付体系稳定的责任。银行间清算与结算通常是通过在中央银行开设的账户用中央银行货币完成的，这也是绝大多数经济体的跨行大额支付系统由中央银行建设和运行的一个重要原因。支付体系中发生的结算风险、运行风险以及由此引致的系统性风险与金融市场中的个别风险相比影响面更大，因为电子支付系统的中断运行会使电子支付方式无法使用，直接影响人们的消费和日常生活；支付链的中断会使金融市场中预期的债务无法结清，形成信用风险，赫斯塔特风险是这方面的典型案例。建立科学的、动态的支付体系的监管体制，必须把监管的最终目标具体化为中介目标和操作目标，遵循实践证明是行之有效的标准和原则，选择适当的监管工具和手段进行监管。在选择监管对象和监管范围时，各国应考虑到自身的发展阶段及支付体系的特点。随着信息技术在支付领域的广泛应用，电子支付方式已经成为主要的支付形式，支付服务朝着越来越个性化服务的方向发展，支付市场呈现进一步细分的格局。监管者面临的迫切任务是追踪新的电子支付产品，准确定义其性质和风险特征，择其要者加以监管或监测。除前述监管范围外，近年来发展迅速的网上支付产品、电子货币、跨境支付交易支付系统越来越引起监管机构的重视，如对SWIFT、CLS、PayPal 等的监管。在监管的手段方面，建设涉及面尽可能广的支付监管信息系统是一种客观的趋势，这要求法律赋予监管者采集必要信息的权力。此外，由于现代支付打破了时空和行业限制，支付风险的波及面更广，不同行业、不同市场、不同地区、不同国籍的监管者加强合作是实施有效监管的前提和基础。一个科学的行之有效的支付体系监管框架应当把监管合作列为重要的组成部分。

第6章　支付体系发展趋势

支付体系与金融体系的发展交互影响，在网络信息技术的推动下，呈现出三个层面的趋向。

第一，支付体系的发展使货币朝着电子化的方向发展，内部货币替代外部货币的趋势增强，货币作为记账单位的功能得到强化。

第二，金融与技术的融合使支付系统新技术、新安排不断获得应用，支付服务效率进一步提高，银行与非银行机构之间的支付服务合作与竞争向纵深发展。一方面，银行业依赖其特有的账户管理功能，在非现金支付领域仍然占独特的地位；另一方面，信息技术的广泛应用使越来越多的非银行机构参与到支付服务领域，促进了支付技术创新和业务创新。

第三，全球不断融合的金融市场与跨境支付系统联结在一起，产生了用多种货币结算和多种资产抵押的机制，这一点与一国内使用该国中央银行货币结算的情况迥然不同。跨境支付需求引致的不同支付系统之间的相互依赖，为金融风险和支付风险的传播提供了新的渠道。防范跨境支付风险成为未来各国中央银行维护金融稳定的重要课题之一。

6.1　支付体系发展总体趋势

6.1.1　重要支付系统的发展和演化

全额实时支付系统（RTGS）和净额结算系统（DNS）仍是当前各国跨行支付系统的两种最主要形式。RTGS 系统的设计主要考虑了安全与效率问题，很好地解决了结算风险，但该系统要求参与者随时具有足额的流动性，从而使系统参与者承担了较高的流动性成本。DNS 由于采用轧差机制，因而能够大大节省参与者的流动性成本，但其非实时支付特点使结算风险仍然存在，故一般适用于小额、非紧急的支付。随着计算机技术的发展，将两种系统的优势相结合，开发和建设混合（Hybrid）支付系统，成为未来支付系统发展的主要趋势。一种方式是在全额实时支付系统中引入抵消（轧差）机制，通过设计一种算法，搜寻支付队列，随时进行抵消。一旦一对或一组指令满足相关标准，它们就执行全额结算。尽管所有支付均建立在实时全额结算基础上，但日间流动性准备将会大大减少。因为许多支付能够在结算时相互抵消。这类系统在流动性节约方面所获得的收益是以一定的结算延迟为代价的，即一队或一组支付符合相关标准所花时间。由于补充或抵消机制在营业日频繁起作用，从而能够使结算延迟的时间非常短。第二种方式是在净额结算系统中提供更快的结算或持续结算，可称为持续净额结算系统（CNS）。在整个营业日，系统参与者不断地向结算机构发送支付信息，并进入排队序列。通过设计一种算法，系统持续地搜寻支付信息，随时获取可相互抵消的支付，一旦找到一定数量的可抵消集，就进行结算。这种设计能够大大缩短支付信息提交到支付最终结算之间的时差，从而使大量的结算很快完成，解付风险也会大大降低。同时，系统所固有的轧差机制仍得到发挥。美国的 CHIPS 系统采用了这种结算机制。

上述两种方式都依赖于较为复杂的计算技术，其成本可能会超过流动性成本的节约。但计算速度的提高会降低成本，使混合系统的优越性得以充分发挥。不过，在这两种设计中，日终未能得到抵消的剩余支付指令必须以全额实时结算的方式完成支付。

欧盟于 2007 年正式投入运行的第二代支付系统（TARGET2），是欧盟成员国在原有的分散式的 TARGET 系统基础上改造的、拥有单一共享平台的新一代支付系统。该系统既可处理传统的贷记转账支付，又可处理银行间直接借记支付；可以预先提交支付信息；欧盟范围内的证券结算系统、零售支付系统和私人支付系统均可接入 TARGET2 这一公共支付服务平台，每个附属系统均可直接访问欧盟范围内每家中央银行的账户；具有标准化的功能、服务、技术接口和统一的收费标准。在流动性管理方面，TARGET2 提供了两种形式的流动性储备池（Liquidity pooling），一种是虚拟账户方式，另一种是合并信息方式，二者均支持系统参与者以群组的形式储存它们的备付资金。在虚拟账户方式下，一个账户群组的所有成员可用流动性都集中在一个流动性池中，群组内任一账户持有者都可通过他自己的账户支付最高可达该群组账户所能提供的日间流动性总水平的资金。在合并信息方式下，提供给账户群组的只有合并信息，支付处理仍然在单个账户的层次上独自完成。另外，TARGET2 还提供了在同一支付平台上的各种抵消算法。

6.1.2　零售支付服务市场的发展

零售支付服务已成为一个竞争激烈的行业。由于支付服务的受众最广，既面向国内市场也面向国外市场，并且不受时间和空间限制，随着消费者支付需求的升级，支付服务的收益也越来越可观。另外，利率市场化和银行业竞争的加剧，导致传统的存贷利差收益空间下降，由支付服务所驱动的收益占银行利润的比重上升。然而，支付服务行业既有明显的网络外部性特征，又有个性化服务发展趋势。非银行企业（如网络、通信、电子商务行业）利用网络信息等技术优势与银行部门的特许权价值①（Franchise value）相结合，即金融与技术相融合，为创新电子服务方式、提供规模化的支付服务提供了可能。网上支付、电话支付、移动支付、离线支付就是这种结合的产物。但不同类型的组织提供支付服务的动机与策略不同。通常，小银行利用外包服务，以较低的成本涉足新技术，获取规模利益。大银行则能够利用其全方位的客户群和范围广阔的经营网络获取规模收益。由于实力雄厚，大银行既可以组织自主创新，也可以资助非银行机构开发创新产品，后一种选择能够降低投资风险。非银行类的数据处理商能够利用其广泛的信息网提供新型支付服务，特别在开拓小客户市场方面，能充分利用现有网络，开发支付机制，如点对点支付、无线支付。联合生产和外包服务将是未来支付领域的主要特征之一，这使得银行与非银行的界限变得模糊。银行向非银行机构获取技术；非银行机构利用银行进入结算系统，利用银行的客户基础营销新产品。

促进或制约新兴零售支付服务方式成长的主要因素包括：法律风险、安全机制、不同服务系统之间的兼容性、技术/业务标准化程度、消费者与服务提供者之间相互信赖程度、定价机制等。各国由于法律制度、监管体制、市场化程度、社会信用水平、信息技术及其基础设施的普及程度不同，电子支付服务的

---

① 这里的特许权价值主要包括银行信用、商誉、账户管理功能、资金结算功能等，由现代银行制度赋予。

发展方式、发展水平存在较大的差异。但在支付服务领域，金融企业、准金融企业和非金融企业之间的联合与分工格局正在深化，各方充分利用比较优势吸引客户，获取收益，推动创新支付方式的发展与普及。

在中国，零售支付市场的发展主要表现为非金融类支付、清算服务机构、非银行金融机构、银行部门三大类主体对账户资源、资金来源、客户交易数据和信用数据的争夺。目前，作为支付标的货币资金，以三大类方式储存：银行账户、支付账户、电子现金。其中，基于银行账户及银行账户之间的转账支付，仍然是主流的支付模式。网络银行取代传统柜台银行模式已成为不可逆转的趋势，并为银行业步入互联网时代提供了物质基础。通过远程非面对面方式并绑定同名银行账户开设的支付账户，由于其实名程度较弱，通常用于有交易背景的担保支付。支付机构为客户开立的支付账户的资金，来源于银行账户或电子现金（目前后者所占比重小到可以忽略）。货到付款的支付方式决定了客户备付金必然形成沉淀，成为支付机构可以支配的资金。如果支付机构可以合作的银行数量不受限制，以及支付账户之间的转账不受限制，则支付账户与客户备付金的结合，就必然会形成支付机构自建网络的资金闭环，完全可能屏蔽掉跨行支付清算系统。

这种态势会带来几方面的影响：一是支付账户用途的泛化会冲击传统的以银行为核心的支付清算体系，增强货币内生化趋势。二是银行的特许权（开立和保管账户的独特权）价值降低，银行在支付领域的垄断地位被削弱。三是支付信息的集聚成为信用信息集聚的基础，为市场化的征信体系发展提供数据源。四是零售支付系统将向云计算模式转化。五是信息的安全、私人信息的保护或隐私权将面临严峻挑战。六是基于互联网和移动互联的支付、征信、融资模式将促进金融普惠制的建立和金融包容性增长。

6.1.3 支付体系的全球化

支付体系的全球化是经济金融全球化的必然要求和结果，而支付服务的全球化也推动了经济金融的全球化。跨国公司的发展和企业跨境兼并，跨境贸易及人员、资本、技术的跨境流动、信息网络的跨境提供与联通等，是推动支付服务全球化的主要因素。另外，以互联网和支付系统专网为依托的金融交易、清算、结算网络为金融全球化提供了必要的物质技术基础，成为全球金融进一步融合的催化剂。许多金融技术创新、融资便利手段、风险管理工具很大程度上是基于现代支付交易网络体系而设计的。跨国（境）的支付系统把全球金融市场融合起来，商业交易和金融交易突破时空限制，使传统的风险管理手段、方式发生了重要变化。

在支付系统基础设施方面，多币种持续结算银行系统（CLS）、环球银行金融电信协会系统 SWIFT、银行卡跨境支付系统（如维萨组织、万事达组织、美国运通以及中国银联等）、欧盟运行的 TARGET 系统等在跨境支付服务领域发挥着越来越关键的作用。为降低外汇交易中的结算风险特别是赫斯塔特风险，保证高额外汇交易顺畅结算，十国集团于 1996 年发起了三项应对外汇结算风险的措施，其中一项便是建立 CLS 系统，并于 2002 年启动。CLS 以某种方式将外汇交易双方的结算系统连在一起，采取 PVP（payment versus payment）结算模式，保证一方只要支付（卖出的货币）便能得到支付（需要买入的币种的货币），即使对手违约或破产也是如此。CLS 系统是一个向全球开放的系统，有大约 70 家世界上最大的金融机构持股，结算的币种有 15 种之多，日均处理的交易高达数万亿美元。SWIFT 是一个行业性组织，主要为金融机构提供安全、标准化的信息服务和接口软件，其服务对象涉及 207 个国家和地区的近万家金融机构，包括银行、经纪商和投资管理公司；服务领域延伸到企业集团以及支付、证券、财政和贸易领域的基础设施。如欧元区的大额实时支付系统便是采用 SWIFT 网络和标准把各成员银行的支付系统连为一体。

在跨境支付的流动性和质押物使用方面，为降低金融市场交易风险，尤其是对手方风险，大的国际性银行都在开发新技术，以管理和保护其质押物和流动性。这些银行游说其分支机构所在国中央银行，寻求对以外国货币为担保的日间与隔夜信贷的支持。这种趋势主要基于大的跨国银行不同程度地参与了多个国家的大额支付系统，需要在每个支付系统中提供质押以便按所在国中央银行的要求管理其流动性；然而银行提供了质押物的地方（国家）未必是需要流动性的地方（国家）。为了节省流动性管理成本，跨国银行提出用外币计量的担保物要求，包括外国债券。瑞典、瑞士、英国、美国的中央银行等率先引入了这方面的设施（CPSS，2006），欧元区国家则是采用了以欧元为主导的跨境担保。这类担保既有应急性的也有常规性的安排。跨境担保对中央银行间的合作提出了新的要求，而中央银行之间的合作也为私人部门开发更高级的担保与流动性管理工具提供了条件。与此同时，全球化也导致支付与结算系统之间越来越密集的直接连接，强化了系统之间的风险联系。这些因素对金融全球化中的风险管理、对货币政策的实施、支付系统的顺畅运行、金融市场参与者之间以及支付系统参与者之间的竞争产生潜在的重要影响。跨境担保在使大的银行获得流动性管理便利的同时，也提高了中小型银行的成本负担。

支付体系全球化的另一个明显趋势是支付系统的跨境互联形成了风险传染的新机制。风险传染的程度与支付系统互联的程度相关。支付系统的相互依赖性有三种方式（CPSS，2006）。第一种是两个支付系统之间直接的或特定的连接，当第一个系统成为另一个系统的参与者时，第一个系统或者会为其客户提供第二个系统具有的服务；或者为了完成结算，为第一个系统筹资或转移质押物。反之亦然。这类互联还包括共享基础设施、共同管理风险。第二种基于机构的互相依赖源于金融机构自身的活动，包括参与者直接参与两个或多个迥异的系统、向其他金融机构提供支付结算服务，或者为某一系统充当结算行。全球性银行参与的支付系统很多，这使得所参与的系统通过参与者联系起来，该参与者的违约或破产会波及所有相关的系统。第三种相互依赖性则是环境方面的依赖。如两个或多个系统与同一个金融市场的风险相联系，或者面临的法律风险相同，也可能是具有相同的第三方服务提供者。显然，在这三种相互依赖的方式中，第一种联系最紧密，风险传播的可能性较大，其中一个系统运行中断对第二个系统造成直接影响。第二、第三种相互依赖性主要涉及结算风险和市场风险。如果一家全球性的参与者出现问题，可能会造成系统性风险。防范跨境支付风险已成为各相关中央银行与国际组织关注的重点。为此，首先应当加强央行之间、央行与其他金融监管当局的合作，缩小各国支付领域的规则差异，增加信息互通，畅通跨境监管机制。其次应提高支付技术、标准的适用性。采用 PVP、DVP 等结算方式能够有效克服跨境支付与结算中的时间不一致和空间隔离等障碍。

6.2　中国支付体系发展现状分析①

中国现代支付体系的发展经历了四个阶段。第一阶段是计划经济时期。单一的国家银行（中国人民银行）在支付结算中处于主体地位，商业信用受到限制甚至被取消，货币流通依据国家计划进行组织和调节。银行结算按计划合同办理；结算对公对私分开；清算体制高度集中，体现了为计划经济服务的要求。

第二阶段是改革开放初期。中国支付体系发生了一系列变革。中国银行、中国工商银行、中国农业银行、中国建设银行等四家国有专业银行的相继恢复或分立，促进了银行结算由行政管理功能向中介服务功能转变。结算工具的主体限制被逐步取消，并开始向多样化发展。联行清算制度从全国大联行向多家专业银行自建联行系统转变，人民银行和专业银行的联行资金以及专业银行之间的联行资金区分管理。在支付系统等基础设施建设方面，中国人民银行开发建设的以专业卫星通信网为依托的全国电子联行系统于 1991 年投入运行，实现了异地跨行支付清算从手工联行到电子联行的转变。中国人民银行各分支行开始建设同城票据交换系统。各专业银行也相继建设了行内支付系统。这一阶段，中国支付体系仍留存了明显的计划经济痕迹，支付服务市场没有形成，法律、法规和制度缺位；非现金支付工具的种类仍比较单一，业务量小，各类交易主要依靠现金完成支付。

第三阶段是中国开始确立社会主义市场经济体制时期。股份制银行、城市商业银行、城市信用社、农村信用社的设立推动了中国的支付服务市场化进程。1995 年颁布的《中国人民银行法》确立了中国人民银行行使中央银行职能的地位，在支付领域组织、协调各金融机构间的资金转移安排，参与支付清算活动，维护支付体系的安全稳定、提高支付效率。《中华人民共和国票据法》、《票据管理实施办法》及《支付结算办法》的制定和颁布，使汇票、本票、支票和银行卡为主体的结算制度得以确立，票据和结算方式的灵活性、通用性、安全性得到加强，支付结算行为进一步规范。中国人民银行建设的服务于跨行资金清算

① 本章涉及的关于中国支付体系发展状况的数据、图表如无特殊说明，均来自《中国支付体系发展报告》各年度数据，中国金融出版社。

的电子联行升级为电子联行"天地对接"系统，资金在途时间由 7～10 天缩短到 2～3 天。银行业金融机构加大行内支付系统建设的力度，提高了资金汇划的效率。国家启动金卡工程建设，并于 1997 年年底在 12 个试点城市开通银行卡信息交换中心，这些城市间的银行卡可跨行使用。这一阶段，中国支付体系的相关法律制度体系基本形成，主要以银行信用为依托的支票、银行本票、汇票以及银行卡等非现金支付工具的普及应用取得较大进展，对现金的替代逐步显现。

第四阶段是进入 21 世纪，中国支付体系的建设与发展进程加快。2005 年，中国人民银行建成大额实时支付系统，取代了电子联行系统。2006 年 6 月，小额批量支付系统建成并推广到全国，提供全天候的、功能强大的公共支付服务。与大小额支付系统建设同步进行的中央银行会计核算系统建设顺利完成，实现了中央银行会计核算电子化处理。2006—2010 年，人民银行相继建成运行了支票影像交换系统、电子商业汇票处理系统、网上支付跨行清算系统等。这一阶段，银行业金融机构为适应扁平化管理和以客户为中心的服务需要，普遍建设了新一代行内支付系统，实现了数据大集中，为其业务创新和风险控制提供支持。为适应这种趋势，改善中央银行支付服务，中国人民银行于 2013 年建成了第二代支付系统和中央银行会计核算数据集中系统，支持商业银行以法人为单位一点接入一点清算，支持商业银行等参与者实时对账查询，支持中央银行各类货币政策实施、操作与监督。第二代支付系统采用最先进的国际报文标准，引入了更多的流动性管理工具。在非现金支付工具推广应用方面，除支票、银行汇票、商业汇票（主要是银行承兑汇票）和银行本票等支付工具在企业支付领域承担主体作用之外，银行卡跨行联网通用和普及工作取得突出进展，银行卡已成为个人使用最广泛的非现金支付工具。互联网支付、电话支付、移动支付、储值卡等电子支付工具的应用和发展也很快。支付服务市场新兴力量发展迅速。随着金融与技术的不断融合，分工的日益细化，银行业金融机构垄断支付服务的格局被打破，非银行类支付清算服务机构凭借技术优势和特色经营方式，提供支付信息的交换、清算等服务，成为中国支付服务市场的重要补充。

6.2.1 支付体系法律制度框架初步建立，但制度缺失仍然比较严重

中国支付体系相关法律法规主要包括：《中国人民银行法》、《商业银行法》、《票据法》、《电子签名法》；《票据管理实施办法》、《现金管理条例》、《储蓄管

理条例》、《金融违法行为处罚办法》等。规范支付行为的规章主要有《支付结算办法》、《银行卡业务管理办法》、《人民币银行结算账户管理办法》，大、小额支付系统等各类支付系统的业务管理办法及处理手续，《电子支付指引（第一号）》、《非金融机构支付服务管理办法》及相关配套制度等。这些法律、法规和规章构成了规范支付体系中各参与方的行为，维护当事人合法权益，保障中国支付体系运行的准则。

但与飞速发展的中国支付体系相比较，中国的法律制度和监管仍显薄弱。

在支付系统运行管理方面，目前对参与者的准入退出规则约束层级低，给防范参与者的信用风险带来困难。当跨行支付系统处理清算业务时，如果作为净债务人的相关参与者已经被关闭或破产，容易导致支付系统中的支付链中断，产生结算风险。目前的做法是中央银行对参与者不足支付的部分提供高额罚息贷款，而参与者的破产会使中央银行蒙受损失。尤其是外资金融机构进入支付系统后，中央银行用公共资金为外资金融机构破产付账，其合理性更会受质疑。与此相关联的是，破产法规中类似"零点法则"的规定潜在地影响了支付指令的不可撤销性。"零点法则"是一些国家破产法律中关于破产机构被宣布破产之日的零点起发生的支付交易被追溯为无效的规定。根据"零点法则"，法院裁定的清算是在法院下达裁定那一天的第一刻开始的。中国目前破产法律法规和司法解释中存在类似"零点法则"的规定。该法则的应用对破产机构从午夜到法院裁定宣布之前进行的支付都会产生影响，破坏支付指令的不可撤销性，导致支付系统出现流动性风险和潜在的系统性风险。另外，中国目前缺少对结算最终性的法律确认。

在对支付工具的规范方面，相关法律制度的滞后主要表现在：票据无因性的基础地位未得到确立；融资性票据、支票影像提示、电子票据法律地位未得到确立；行政处罚条款可操作性不强等。在银行卡领域，信用卡风险管理政策需要加强，信用卡套现行为需要确定相应的法律规范；银行卡管理部门和职责需要进一步明确等。电子货币运行和管理规则的缺位使发行主体的信用风险无法得到有效制约。当发行主体善意破产，或蓄意欺诈吸储，最终无法提供目标商品或服务时，客户的货币请求权就无法实现，必然会提出退款或求偿的合理要求，形成面向发卡主体的"挤兑"风潮，给社会稳定乃至金融稳定带来潜在的不确定性。

6.2.2　金融基础设施趋于完整，为提高资金运行效率发挥重要作用

中国的支付系统基础设施已形成以中国人民银行建设和运行的跨行支付系统为主干，银行业金融机构行内支付系统为基础，票据支付系统、银行卡支付和其他电子支付清算系统、第三方机构支付系统为补充的覆盖全国的网络体系（见图6-1）。

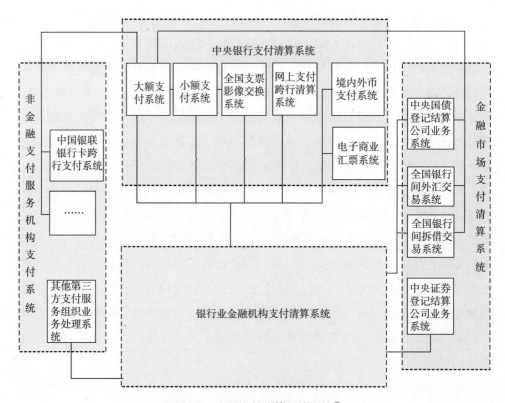

图6-1　中国支付清算系统网络①

6.2.3　非现金支付发展较快，票据、银行卡、直接转账（汇兑）占主体地位

中国的非现金支付工具包括票据、银行卡等非现金支付工具，汇兑、委托

---

① 资料来源：中国人民银行。

收款等直接转账结算方式和网上支付、电话银行、移动支付、储值卡等新兴电子支付工具,定期借记和定期贷记等新兴支付方式。以 2012 年的数据为参照,全国使用非现金支付工具办理支付结算业务 411.4 亿笔,金额 1286.3 万亿元,是当年 GDP 总量的 24.8 倍。其中,票据业务 7.8 亿笔,金额 296.4 万亿元,占非现金支付工具业务量的 1.9% 和 23%;银行卡业务 389.1 亿笔,金额 346.2 万亿元,占非现金支付工具业务量的 94.6% 和 26.9%;汇兑、委托收款等结算方式业务 1.44 亿笔,金额 643.7 万亿元,占非现金支付工具业务量的 3.5% 和50.1%(见表 6 – 1)。

表 6 – 1   非现金支付结构情况(2012 年)

业务类别	项目	笔数(万笔)	笔数占比	金额(亿元)	金额占比
票据	银行汇票	469.24		27031.50	
	商业汇票	1553.33		160629.40	
	商业承兑汇票	18.83		4893.96	
	银行承兑汇票	1534.50		155735.44	
	银行本票	718.89		71036.08	
	支票	75598.78		2687934.69	
	单位支票	74726.04		2683054.59	
	个人支票	872.74		4880.10	
	国内信用证	26.88		17029.53	
	合计	78367.12	1.9%	2963661.20	23%
银行卡	存现	678702.96		577087.75	
	取现	1613373.58		613658.67	
	其中:ATM 取现	1145256.11		152643.24	
	消费	900906.84		208256.04	
	转账	698415.56		2063116.79	
	合计	3891398.94	94.6%	3462119.25	26.9%

续表

业务类别	项目	笔数（万笔）	笔数占比	金额（亿元）	金额占比
结算方式	汇兑	141000.07		6290077.14	
	托收承付	74.29		6704.51	
	委托收款	3247.27		140534.83	
	合计	144321.63	3.5%	6437316.48	50.1%

资料来源：中国人民银行网站：www.pbc.gov.cn，《中国支付体系发展报告（2012）》；中国金融出版社，2013。

6.2.3.1 电子汇兑或贷记转账、直接借记快速取代支票，成为企业使用最多的主要支付工具

由于电子支付工具和直接转账如贷记转账、直接借记等支付方式发展迅速，可以克服时间和空间方面的限制，纸质票据的发展受到电子支付方式的激烈竞争，票据交易量所占比重呈下降趋势。

6.2.3.2 银行卡在个人支付领域获得最广泛应用

银行卡在中国主要由借记卡、贷记卡和准贷记卡组成，是个人使用最为广泛的非现金支付工具。其中，借记卡发卡量仍居于绝对地位，信用卡的发展相对较慢。其主要原因是，借记卡能够很好地代替纸质存折，有利于银行吸收存款，客户申办和使用方便，手续费、年费低。对商家而言，借记卡与信用卡具有相同的功能。同时，依托借记卡便于银行业务创新和开展以客户为中心的服务，且借记卡的违约、欺诈等风险大大低于信用卡。借记卡的这些优势使借记卡产品功能不断拓展，应用领域不断扩大，品种不断丰富，成为银行卡主导产品，与国际银行卡的发展趋势非常吻合。信用卡因具有信贷功能，商业银行发行信用卡不仅获取支付服务收入，而且获得利息收入。为此，金融机构相继设立独立运作的信用卡中心，广泛开展信用卡个人消费信贷业务，推动了信用卡的发展。信用卡发行量虽然不到银行卡总量的10%，但其消费支付功能大大超过借记卡。在银行卡的推广应用方面，中国政府部门特别是中央银行发挥了强有力的推动作用。由于银行卡具有信息记录功能和携带、使用方便等特点，推动银行卡的应用，扩大商户普及率，有利于公共政策目标的实现，如促进税款缴纳，方便水气电等公用事业缴费，提高医院、交通、学校等公共服务领域收支透明度，抑制洗钱、灰（黑）色交易，以及现金犯罪等。中国人民银行在促

进银行卡联网通用、推行全国统一的银行卡技术标准、规范和促进受理市场的良性发展、维护银行卡支付安全等方面扮演了重要角色。截至 2012 年年底，中国银行卡支付的消费交易额如果剔除批发性的大宗交易和房地产交易，占全国社会消费品零售总额的比重（也称银行卡渗透率）已达 43.5%，达到了发达国家平均（30%~50%）水平。但另一方面，银行卡交易的绝大比重仍集中在存取现金（见表 6-1）和转账方面，是存折的替代。以 2012 年的数据为例，银行卡消费笔数占银行卡交易总量的 23.15%，但持卡消费总金额占交易总额的比重仅为 6%。在地区和受理结构方面，中小城市、中小商户受理银行卡的比率低。银行卡取现金额大于存现金额的状况表明，银行卡和 ATM 的增长在一定程度上促进了现金的使用，反映了居民对现金的持久偏好。

6.2.3.3　新兴非现金支付工具发展迅速

中国的新兴非现金支付工具包括网上支付、电话银行、移动支付、储值卡（电子现金）等，近年来发展迅速，交易量不断增加，逐步成为中国零售支付体系的一个重要组成部分。除储值卡外，网上支付、电话支付、手机支付等大多依托银行卡账户，在统计上较难区分。银行卡发卡量的增加必然带动这些新兴支付业务的发展。

网上支付是通过互联网完成支付的行为。随着电子商务的兴起和发展，中国的网上支付业务也发展较快。网上支付通常涉及交易双方、电子商务企业以及第三方支付服务机构、银行等。除银行积极发展网上支付业务外，许多投资者也纷纷投资建立专门的网上支付平台，某些电子商务企业推出了有自身特色的网上支付工具，不同的支付模式使中国网上支付业务体现出多样性和复杂性。

电话银行与移动支付。电话银行是银行采用先进的 IT 技术，通过预先分配用户编号和个人密码控制，利用电话在时间上的及时性、空间上的无限性，为客户提供诸如查询、密码修改、挂失、转账及其他金融服务。在业务处理上，电话银行通常和呼叫中心紧密关联。中国的大部分全国性商业银行都开通了电话银行服务。移动支付是客户通过移动网络，利用移动电话或移动终端，采取编发短信息、拨打某个号码、植入手机 APP，或将资金账户信息嵌入手机芯片、SIM 卡等方式实现的支付。中国国内银行机构大部分开办了移动支付业务。

储值卡或预付费卡具有匿名性、预付现金等性质，在替代银行卡和现金、用于依托局域网或广域网进行专门行业的小额支付方面具有优势。储值卡分为单用途储值卡和多用途储值卡。其中，单用途储值卡主要在特定的单一法人实体内使用。多用途储值卡可跨越不同的法人实体或行业使用，能被与发行机构有业务合作关系的第三方机构所接受，为持卡人提供服务。中国单用途储值卡的发行机构和发卡规模相对较大，零售、餐饮、电信、娱乐、加油等行业使用了单用途储值卡。多用途储值卡因具有电子现金的功能，受到人民银行等货币监管机构的监管。储值卡在推动社会经济发展、刺激消费的同时，也暴露出一些问题，如存在资金吸存和沉淀行为，造成资金安全隐患；其支付清算游离于正规清算体系之外，增加了支付体系的潜在风险，并为某些违法违纪行为提供隐蔽渠道。储值卡还对中央银行货币、中央银行货币政策带来潜在的影响。

定期借记和定期贷记从 20 世纪 80 年代起在中国得到运用，发展较快。定期借记是收款人将支付指令发送给银行，银行据此直接借记付款人账户为收款人进行收款的行为。这种交易必须在付款人、收款人和银行三方签订协议的基础上进行，主要用于公共事业费、保险费和税款等各项费用的支付。定期贷记指付款人将支付指令发送给银行，银行据此直接贷记付款人账户，向其指定的收款人进行付款的行为，主要用于工资、保险金、养老金的发放等场合。定期借记和定期贷记的主要区别是：支付指令的发起人不同。定期借记的发起人是收款人，而定期贷记的发起人是付款人。资金的流动方向不同。定期借记表现为从多个付款人账上扣款，支付给一个收款人；定期贷记表现为从一个付款人账上扣款，支付给多个收款人。

6.2.4 支付服务市场多元化格局形成，竞争性增强

以银行业为主体、非金融类支付、清算服务机构为补充的支付服务组织体系的形成，反映了市场经济发展、金融与技术相融合、分工细化的要求。中央银行处在支付服务体系的顶端，为银行业金融机构直接提供账户服务和跨行清算、结算服务，这是与中央银行充当法定货币发行者、最后贷款人角色相适应的，由此也衍生出人民银行组织和推动支付体系发展，影响支付服务市场发展方向的职能。银行业金融机构之间发生的资金往来，需要通过其开立在人民银行的清算备付金账户办理转账。人民银行通过其建设和运营的跨行支付系统向银行业金融机构提供跨行支付资金清算和结算服务。

商业银行作为支付服务市场的主要力量，依靠网点优势提供各类支付产品

和支付服务。在向客户提供传统支付结算业务的同时，商业银行加快了支付结算业务创新，实现基础服务向增值服务的转变。如向企业集团提供现金管理服务；代理财政资金支付与清算业务；提供银证转账、银期通、银保通等业务；拓展个人金融业务，为社会公众提供通存通兑、个人工资、税费代收付、投资理财等业务；通过与网络、通信企业合作，共同提供网上支付、电话支付、移动支付服务；自动柜员机、24小时自助银行、多媒体终端等客户自助设备的布放，大大方便了居民随时支付需求。

非银行性质的支付服务机构凭借先进的科技和管理理念，为消费者提供了简便的支付清算服务，对调整支付服务市场结构，增强竞争性，推动支付创新产品的应用，提高支付服务效率发挥调节作用。支付清算组织服务领域广泛，运作模式多样，既有提供支付清算服务的专营机构，也有跨行业提供支付清算服务的混业经营机构；既有接受服务对象保证金的服务模式，也有纯粹提供交易信息处理的服务模式；有的支付清算服务机构只提供同城或一定区域内的专业服务，如同城票据清算中心，另外一些则提供跨区域清算服务，如银行卡信息交换组织以及网上支付服务商等。

6.2.5 支付体系监管目标明确，监管手段适应中国经济发展特点

依法对支付体系进行监督管理，是中国人民银行的一项重要职责。《中国人民银行法》第四条规定，中国人民银行"维护支付清算系统的正常运行"；第二十七条规定："中国人民银行应组织或者协助组织银行业金融机构之间的清算系统，协调银行业金融机构相互之间的清算事项，提供清算服务。具体办法由中国人民银行制定。""中国人民银行会同国务院银行业监督管理机构制定支付结算规则。"第三十二条规定，中国人民银行有权"对金融机构以及其他单位和个人执行有关清算管理规定的行为进行监督检查。"第四十六条规定，中国人民银行有权"依法对金融机构以及其他单位和个人违反清算管理规定的行为进行处罚。"

依据上述法律条款，以及为适应中国支付体系发展的需要，中国人民银行确立了"安全与高效"并重的支付体系监管目标，监管内容涉及支付体系各个要素，监管手段具有中国特色。

6.2.5.1 保障重要支付系统安全高效运行

在大额实时支付系统、小额批量支付系统、网上支付跨行清算系统、中央

银行会计集中核算系统等建成前后，中国人民银行制定实施了配套政策措施，保障这些重要支付系统的安全、高效运行：引入大额实时支付系统自动质押融资机制，为参与者提供流动性管理渠道；启动小额支付系统质押品管理功能和净借记限额管理机制，防范结算风险；建设灾难备份系统，制订实施大、小额支付系统、中央银行会计集中核算系统应急计划并定期开展应急演练，完善现代化支付系统两级处理中心运行维护体制，防范运行风险。中国人民银行还参照《重要支付系统核心原则》和《金融市场基础设施原则》定期开展重要支付系统风险评估。

6.2.5.2 实行人民币银行账户管理制度

对银行账户的开立、使用、变更、撤销等实施规范化、制度化管理，是中国人民银行特有的监管手段。银行账户记录了企业或个人银行存款及其增减变化信息，是支付工具运用的依托和实现存款与现金之间转换的媒介，是存款人办理存贷款和资金收付活动的基础。对银行结算账户进行管理，对于规范支付行为，支撑社会信用体系，防范利用虚假账户逃税、逃债，抑制洗钱、腐败、诈骗等具有基础性作用。中国人民银行依据《个人存款账户实名制规定》（中华人民共和国国务院令第285号）、《人民币银行结算账户管理办法》（中国人民银行令［2003］第5号），对在全国存款类金融机构的企业和个人结算类账户进行监督管理，从账户的开立、变更到撤销实行不同等级的核准、备案。为支撑《人民币银行结算账户管理办法》等规章制度的有效实施，落实存款账户实名制规定，规范银行账户的开立和使用，人民银行组织建设了人民币银行结算账户管理系统，并于2005年推广到全国，2007年完成系统升级。账户管理系统通过设置审核、控制、查询、监测等功能，对各类银行结算账户的开立和使用实行有效的监控，掌握存款人开户资料信息和账户信息，确保存款人开立银行结算账户信息的完整性、合规性和存款人开立基本存款账户的唯一性。账户管理系统可对存贮的各种信息进行综合分析，在相应的法律框架下应用于社会征信、反洗钱、司法监察等领域。

6.2.5.3 监督管理非现金支付工具的使用

非现金支付工具或支付指令的真伪对于支付过程是否能够正确进行至关重要。票据支付、银行卡支付、网上支付中的诈骗往往数量巨大，损害当事人的合法权益，影响公众对非现金支付方式的信心。为防范此类操作风险，中央银行有义务督促商业银行和其他支付服务机构提高票据、银行卡、网上支付业务处理的技术手段，强化内控管理，规范票据、银行卡的业务处理流程，推动建立银行业风险信息共享交流机制，防范通过非现金支付渠道进行的欺诈风险或产生的操作风险。

6.2.5.4　监督管理非金融支付服务机构

中央银行对支付服务组织的监管，区分银行业和非金融支付服务机构进行不同程度的监管。对银行业在支付领域的监管，由中国人民银行和中国银行业监督管理委员会依据《中国人民银行法》、《中国银行业监督管理法》、《商业银行法》、《行政许可法》、《行政处罚法》、《金融违法行为处罚办法》等法律法规，按照分工合作监管。银行业金融机构的准入、退出由中国银行业监督管理委员会负责；银行业金融机构之间的清算事项由中国人民银行负责协调管理，支付结算规则由中国人民银行会同中国银行业监督管理委员会制定并实施。对于非银行性质的支付清算服务机构，如新兴电子支付服务机构，由中国人民银行制定监管规则并实施监管。中国人民银行于 2005 年 10 月发布的《电子支付指引（第一号）》，旨在规范银行机构和客户之间在电子支付业务中的权利义务关系。2010 年 6 月发布的《非金融机构支付服务管理办法》规定，非金融机构在中国境内提供支付服务的经营行为，必须取得支付业务许可证，方可在中国境内作为独立的服务中介机构提供支付服务，中国人民银行对其业务准入、退出、经营行为实施审慎监管。这主要是基于非金融支付服务机构在经营过程中，不同程度地介入对客户资金的保管和转移，形成的沉淀资金面临潜在的损失风险，对支付体系带来潜在威胁。此外，非金融支付服务机构集中了大量的支付交易信息和客户资料，对一国金融信息安全负有很大的责任。重要的私人性支付清算服务机构运营的支付网络一旦运行中断，还会使整个社会的支付交易带来严重的负面影响。从国际经验看，CPSS（CPMI）成员国和地区对 SWIFT、CLS 的监管侧重于关注其运营的支付网络的安全稳定运行和客户信息的安全问题。中国的电子支付服务市场处于快速发展阶段，促进相关服务机构的规范运作和良性竞争是支付体系监管的必要组成部分。

6.3　中国支付体系未来发展模式

现代支付体系的电子化、市场化、全球化发展趋势，以及对支付服务相关的技术标准的统一性、制度安排的兼容性要求，为中国支付体系的未来发展提出了新的课题。2005 年 5 月，CPSS（国际支付结算体系委员会）发布的《国家支付体系发展指南》（以下简称《指南》），在总结发达国家的经验、关注发展中国家实践的基础上，提出了 14 条指导意见，对中央银行及其利益相关者具有重要参考意义。这 14 条指导意见又被归纳为四个方面：银行部门的作用；有效的计划和工程实施；建立支付体系改革可持续的制度框架；设计安全、高效的支付基础设施以满足符合一国国情的经济需求。《指南》第 1 条就是"保持中央银行于核心位置"，强调中央银行在支付体系发展和规划中的关键作用。《指南》第 4 条强调，支付体系的发展规划要根据可预见的将来经济的需要而不是技术所能达到的高度来进行设计。在规划支付体系的发展时，要达到以下几个目标：第一，拓宽支付工具和支付服务的范围；第二，更有效地控制法律风险、运行风险、金融风险和系统性风险；第三，增强银行业、支付与证券基础设施间的通用性和坚固性；第四，改善成本效率比，特别是运行成本和流动性使用方面的成本效率比；第五，创造更加适用的国家支付体系监督管理机制；第六，建立更加高效、更加有序的、通过良性竞争确定支付价格的支付服务市场。

中国经济的持续发展，居民收入的稳定增长，生产要素流动性的不断增强，跨地域、全天候的支付需要将推动中国支付体系向更高层次发展。提供高效、安全的支付服务仍将是支付体系发展的主要目标。在支付服务需求方面，随着持卡消费、掌上支付和转账支付习惯的培育，现金支付的偏好正在逐渐改变，符合个性化特点的非现金支付工具的使用蕴含着很大的潜力。在支付服务的供给方面，直接融资的发展将导致间接金融的比重下降，传统的存贷款业务利润空间缩小。银行业在中间业务领域的竞争必然会加剧，支付服务将成为重要的利润增长点。美国、欧盟银行业的经验提供了这方面的例证。此外，更加开放的市场也将会带来越来越多的内外资金融机构和支付清算组织的竞争，这必然促进支付产品创新和应用。

但另一方面，中国地域广阔，经济发展不平衡，导致了支付体系的区域差异比较明显。在西部和农村地区，基础设施落后，金融服务网点少，提供金融服务的机构主要是农业银行、农村信用社、邮政储蓄银行、村镇银行等。地市城市以下人口对非现金支付认同感不高，现金支付传统习惯不易改变。在银行卡使用方面，中国银行卡发卡量虽已达到人均 4 张，但绝大多数持卡人集中在大城市，中小城市持卡消费习惯正在形成。在银行卡交易量中，存取现和转账占据绝大比例。

多方面的因素共同作用将使中国的支付体系发展呈现比欧美等国家更加复杂、多样化的格局。基本的发展模式可能是：在经济发达地区以及大的中心城市，新型支付工具与支付方式的应用发展将保持在较高速度，支付服务现代化程度将很快达到发达国家的水平。相比之下，在经济欠发达地区特别是农村地区，非现金支付工具如银行卡、手机支付、电话银行、网上支付等的应用、普及会经历一个比较长的过程，主要受到收入水平、通信与信息基础设施、居民受教育水平、生活方式特别是传统支付习惯等因素的制约。因此，在中国，现金和各种非现金支付工具都将长期共存，现金支付占整个社会支付量（交易金额）的比重将呈现稳中有降的格局。

中国人民银行在其首次发布的《中国支付体系发展报告》中提出了中国支付体系发展的未来目标："完善以中国人民银行现代化支付系统为核心，银行业金融机构行内支付系统为基础，票据支付系统、银行卡支付系统、境内银行间外币支付系统等为重要组成部分的支付清算网络体系。丰富和完善以电子支付工具为发展方向，适应各类经济主体多种经济活动和居民居家服务需要的非现金支付工具体系。健全以中央银行为核心，银行业金融机构为主体，非金融性质的支付清算组织为补充的支付服务组织体系。建立健全有利于促进支付创新和防范支付风险的科学高效的支付监督管理体系。"将这一目标与 CPSS 发布的《国家支付体系发展指南》相对照，并深入考察全球支付体系的未来发展与中国经济市场化、可持续发展对支付体系的要求，可从以下几个方面，就中国支付体系的发展路径以及相关政策问题进行探索。

6.3.1　设计更加高效、灵活、安全、兼容的支付系统，降低参与成本

1. 现代化支付系统的升级、完善应更加突出兼容性，应以社会利益最大化为目标。中国人民银行建设运行的第二代现代化支付系统，支持参与者以法人为单位一点式集中接入，一点清算，能够较好地满足商业银行对准备金和流动性管理的需求，提高支付系统的整体效率。与此相适应，中央银行会计集中核算系统也实现了更高层次上的数据集中，实时反映银行业金融机构清算账户资

金及流动性的变化,并能方便清算账户的灵活处理和及时记账。中央银行会计集中核算系统与第二代现代化支付系统、货币发行信息系统、货币信贷管理信息系统、财务管理信息系统等构成一个有机整体,为人民银行综合业务系统的建设奠定基础,成为管理型会计核算信息系统,为中央银行履行职责提供强有力的支持。

除此之外,中央银行应尝试研究建设基于大额实时支付的混合支付系统或以小额批量支付为基础的混合支付系统。全额实时结算能够很好地防范信用风险和流动性风险,净额结算则能够节约流动性、降低成本。而将两种结算方式的优势相结合,提供低成本的及时清算与结算服务,是各国设计新一代支付系统的基本取向。中国的大、小额支付系统共享硬件资源,具有相同的清算账户和最终结算机制,高度集中的会计核算数据系统,这些因素为混合系统的建设提供了天然的条件。因此,在下一代支付系统的设计中,应充分考虑混合模式的可行性。与此相适应,在流动性管理方面,应当进一步引入先进的资金管理方式,如欧盟的 TARGET2 所采用的集体账户资金管理模式,商业银行通过相互授信的方式建立流动性资金池,可以大大节省单个银行的流动性成本。为提高支付系统的灵活性,未来的支付系统建设应对计费、节点和参与者权限、业务种类等实施参数化管理,以便于调整和适应业务创新的需要。支付系统的接口、报文格式的设计要适应未来周边国家有关清算行接入中国支付系统,实施人民币跨境结算的需要。

在支付系统服务提供方面,应建立良好的激励约束机制。中央银行作为公共服务部门和支付体系监管部门,应在提供支付服务过程中,充分体现成本回收原则,为参与者提供低成本服务,实现社会利益最大化。例如,采取非线性定价或梯次定价方式,发挥正向激励作用。中央银行支付系统的收费应当鼓励高频参与者,即随着单个参与者业务量的增加,针对该参与者的单笔交易的收费应当梯次递减。

2. 调整自动质押融资利率和备付金利率机制,增强灵活性,提高准备金政策的效率。中国人民银行制定的《大额支付系统业务处理办法》第二十八条规定,中国人民银行根据协定和管理需要,可以对直接参与者的清算账户设置自动质押融资机制和核定日间透支限额,用于弥补清算账户流动性不足;同一直接参与者在同一营业日只能使用自动质押融资机制或核定的日间透支限额。从国际经验看，质押融资和日间透支是央行向大额支付系统参与者提供流动性的常用方式，但质押融资与日间透支相比，结算银行承担的风险小。中国人民银行只开启了自动质押融资功能，表明对其结算风险以及对直接参与者信用的担心。自动质押融资机制开启以来，发生的质押融资业务微乎其微，归因于两个方面：对备付金支付利息以及较高的自动质押融资成本。目前的法定存款准备金利率为 1.89%，备付金利率为 0.99%，而自动质押融资以再贴现利率为基准，设定日间利率为 2.97%（即 3.24% − 0.27%），隔夜利率为 10.44%（3.24% + 7.20%）。质押融资利率的上下限均大大超过了同业拆借隔夜利率。在对备付金支付利息的情形下，较高的自动质押融资利率将导致商业银行选择持有更多备付金，并使法定存款准备金率的微调失去其应有的作用，因为法定存款准备金与超额准备（备付金）之间存在此消彼长的关系。而自动质押融资机制也起不到应有的作用。比较有效的做法是将自动质押融资的日间和隔夜利率限定在同业隔夜拆借利率左右，如同业拆借隔夜利率 ± 0.25%，同时降低备付金利率，这样可使自动质押融资机制充分发挥日间融资作用，减少商业银行的备付金持有，也有利于提高准备金政策的灵敏度。

3. 高度重视业务连续性，不断增强重要支付系统抵御各类风险的能力。保障现代化支付系统更加高效、安全运行，将是未来支付体系建设中的一项长期性重要任务。从欧美等国的经验看，重要支付系统特别是大额实时支付系统建有异地的双机热备份和同城的温备或热备系统。中国的现代化支付系统覆盖面广，参与者众多，必须通过制订科学有效的业务连续性计划，健全具有高度生产恢复能力、业务切换能力和数据查找功能的灾难备份系统。应参照《金融市场基础设施原则》，完善保障支付系统运行的法规制度框架、组织协调机制和管理流程，定期开展支付系统健全性评估；应制订和实施应急演练计划，演练的范围包括支付系统管理部门、运行部门、系统参与者，以及接入大小额支付系统的各类业务系统。中央银行还应督促系统参与者制订和实施自身支付系统的业务连续性计划，建设相应的灾难备份系统，提高系统应对各种突发事件的能力，防止参与者的运行风险给大小额支付系统带来结算风险、运行风险甚至系统性风险。

4. 建立支付系统与证券结算系统的联结通道，推广 DVP 结算方式。2004 年中国的中央债券综合业务系统接入大额实时支付系统，中央国债登记公司可根据投资者的债券交易指令，直接向大额实时支付系统发出即时转账报文，实现每笔债券和资金同步交收的 DVP 结算，大大增强了债券结算效率，有效降低了债权结算风险。而主要为股票等其他证券结算提供清算结算服务的中国证券结算系统目前独立运行、独立结算。在发达国家和经济体中，美国、英国、日本、德国、荷兰、中国香港等的证券结算系统都与大额实时支付系统连接，实现了 DVP 结算。证券结算系统与大额实时支付系统连接，可以实现优势互补：第一，可以丰富大额实时支付系统的质押品种，拓宽支付系统参与者流动性管理渠道，降低流动性风险，提高流动性管理能力。第二，证券结算系统利用大额实时支付系统实现 DVP 结算，能够提高结算效率，降低证券结算系统中的风险。第三，有利于密切货币市场与资本市场之间的联系，畅通货币政策传导机制，促进金融市场创新，特别是金融风险管理工具的创新。随着资产证券化业务特别是多层次资本市场的发展，直接融资的比重将会上升，证券结算的效率和风险问题将成为金融市场发展中需要重点解决的课题之一。中央银行、证券监管部门和证券结算机构需要深入研究证券结算系统接入大额实时支付系统的可行性，并实现接入，以提高证券结算效率，降低结算风险，促进资本市场的繁荣。

6.3.2 优化支付服务领域的价格形成机制，发挥市场在资源配置中的决定性作用

支付服务市场是一个中央银行与商业银行、非银行机构共同参与服务的市场。即使在发达市场经济国家，支付服务的价格也没有与相应的成本支出较好地匹配，不同服务之间的价格补贴现象相当普遍，这反映了支付服务市场定价是个十分复杂的问题。从市场分工看，各国中央银行普遍建设运行了大额实时支付系统，为参与者提供批发服务。商业银行在零售支付服务和非现金支付工具的提供方面担当主要角色。非银行支付清算服务机构在零售支付服务领域为银行间支付的信息交换、清算提供服务，或者在银行与客户间提供延伸服务。手机支付、网上支付等都是银行与非银行支付服务组织合作的产物。储值卡所提供的离线服务甚至游离于银行体系之外。随着中国提供支付服务的机构和企业的多元化、市场化发展，市场机制在支付服务领域逐步发挥越来越重要的基础作用，这对于通过竞争提高支付服务质量和效率、促进支付领域的创新、发挥网络正外部性、获取规模效益、实现私人利益与社会效益的统一至关重要。

目前，中央银行运行和管理的支付系统由中央银行定价，商业银行支付结算服务价格分别实行政府指导价和市场调节价，这主要是由于中国的金融业仍然在经历向市场机制的过渡阶段，这一过渡期由于银行业的复杂性和全局性而比其他行业经历的时间长。非银行支付服务机构提供的服务完全实行市场定价。

实行政府指导价的服务主要集中在基本结算类业务，是商业银行支付结算业务的核心业务，业务量大，与公众支出密切相关。这类业务包括银行汇票、银行承兑汇票、本票、支票、汇兑、委托收款、托收承付。除基本结算类业务外，商业银行提供的其他结算收费项目实行市场调节价，如定期借记、定期贷记、账户服务等业务。其中一部分项目比照或参考政府指导价定价，其他业务收费标准由商业银行自主确定。随着商业银行的改革特别是国有商业银行改革和市场化的持续推进，治理结构的完善，利率市场化的最终完成，银行业的竞争性将会进一步增强，这必然促进支付服务的市场化进程。实行政府指导价的收费项目应按其对社会的影响程度循序放开：先放开业务量小、对企业和个人成本负担影响小的收费项目，再放开业务量较大、对社会公众具有重要影响的项目。由于支付结算服务与商业银行的其他服务密不可分，如银行卡、账户服务等与存贷款业务、现金服务紧密联系在一起，而客户的转换成本（即从一个开户行转到另一个开户行）较高，包括银行对客户、客户对银行的熟悉成本、开户与销户涉及的成本、不同的服务产生的机会成本等，这种特性使支付结算服务收费的市场化可能造成收费定价过高，损害中小客户利益。相关监管部门应加强监管，视服务项目的竞争程度，尤其是利率市场化进程，稳步推进基本的支付结算服务项目收费的市场化进程。

在银行卡领域，发卡市场已呈现出比较充分的竞争格局。比如，股份制商业银行在发行借记卡方面不收取年费，而国有商业银行收取年费，这反映了股份制商业银行的竞争心态。ATM 存取款、转账无论同城、异地、行内还是跨行，股份制商业银行收取的费用也明显低于国有商业银行。在信用卡市场，由于各行采取差别化服务，使不同的信用卡具有较大的功能差异，从而年费差异也较大。根据双边市场理论，保证持卡消费得以成立的基本前提是收单行向商户收取的交易手续费，既落在商户意愿的成本支出区间内，又可弥补发卡方的变动成本支出以使持卡人获得免费服务，而整个支付网络可获得网络外部性和规模经济利益。在存在银行卡交易跨行信息转接组织的情况下，各入网机构无论是作为发卡方还是收单方，都可通过合作博弈在银行卡交易中获益，即按一定比例在收单方、发卡方以及银行卡跨行清算机构之间分配收益。相比之下，商家受理银行卡获得的利益是增加和留住客户，提高服务质量，降低现金管理成本，获取规模销售收益。消费者主要获得支付便利、降低携带现金成本的效用、持卡消费积分激励等。如果银行卡市场存在垄断性，银行卡交易的需求方只是交易价格的接受者。商户要么受理银行卡，要么不受理。如果受理，就必须接受现行定价。

假设商户数量为 N：｛$i = 1$，…，N｝；潜在客户为 R^+ 上的集合 X。x_i 表示商户 i 的客户群，$x_i \in$ ｛1，…，X｝。假设收单行对商家收取的服务费按照中国现行的规则，为销售额（S）的固定比例 θ（$0 < \theta < 1$），并可视为商家受理银行卡的成本（θS）；同时，商家受理银行卡获得规模收益 ηS，η 的值取决于 x_i 中持卡消费者的数量，可用 ρx_i 来表示（$0 < \rho < 1$）。反过来，持卡消费者的数量又取决于受理银行卡的商户数量，即 $\rho x_i = g(f(i))$。

$$\eta = \rho x_i = g(f(i)) \tag{6-1}$$

$$\pi(S) = (\eta - \theta)S = g(f(i))S - \theta S = g(\rho x_i)S - \theta S \tag{6-2}$$

在式（6-2）中，如果 θ 值设置不合理，会导致 $\pi(S) \leq 0$，其结果是商家不愿受理银行卡，并使 $\rho x_i = 0$。若银行卡交易手续费按笔收取，与交易额无关，则 θS 转化为一固定的值 A，这样可增强商家对受理银行卡成本支出的预期。商家会通过促销扩大销售额，获得预期利润。在中国，中小城市、中小商户普遍存在销售规模小、利润率比较低的情况，在银行卡的应用与发展过程中，应采取灵活的持卡消费定价策略。比如将借记卡的消费按笔收取手续费或降低 θ 值等方式，激励商家受理银行卡，促进消费者持卡消费意愿。这需要实施借贷卡的收费机制分离。然而，在银行卡跨行交易手续费存在垄断性定价的情况下，银联和入网机构没有动力修改价格，因此需要引入竞争机制。在竞争机制未引入之前，政府应参与定价，如采取价格听证等方式，在商家、消费者、银行卡服务提供者之间达成共识。

在网上银行服务方面，中国的全国性银行基本开展了此项业务。大多数银行的柜台手续费、汇款手续费等比照传统汇款的政府指导价收取，有的银行平均费率低于政府指导价。未来，随着竞争的增强，这类收费会低于现有水平。

关于中央银行建设和运行的各类跨行支付系统，央行应以成本回收原则确定服务收费价格，并以中央银行的收费标准作为银行业提供支付清算服务的价格参考。基于这一准则，中央银行应当视支付系统业务量和成本支出，适时调整服务收费价格。大额支付系统的收费应随着交易笔数的增加，采取非线性定价方式，鼓励高频参与者。小额支付系统的收费也应进行成本测算，比如，根据年度成本支出计算单笔收费价格。中央银行现代化支付系统是为商业银行提供跨行支付服务的，中央银行向商业银行的服务收费价格应当与商业银行向客户提供的支付服务收费价格实现有机联系。但目前的情况是商业银行面向客户的行内支付系统服务收费实行政府指导价，阻隔了支付系统两级结构中的价格传导机制。因此，中央银行应当会同相关部门加快研究建立基于社会利益最大化与利润最大化相统一的支付系统服务定价机制，体现支付服务中的激励相容性。

6.3.3　强化支付体系法律基础，改善制度环境，促进安全高效运行

支付与信用密切联系在一起。现金依托中央银行信用，具有最高信用水平。非现金支付的信用取决于支付工具本身的性质。一些即期支付工具在中国发展很快。在具有融资功能的远期支付工具，如商业汇票中，银行承兑汇票无论其交易笔数还是交易金额都占到 90% 以上，商业承兑汇票所占比例很低，这与长期以来国有银行在中国的银行体系中占据主导地位、支付体系中的银行信用等同于国家信用不无关系。在新型电子支付服务领域，移动支付、网上支付、ATM 等服务也基本依托于个人在银行的存款账户，风险小、发展快。相比之下，商业承兑汇票发展较慢这一事实反映了信用体系的不健全。除此之外，法律制度缺失，也是制约一些非现金支付工具应用和普及的一个重要原因。因此，必须从完善法律制度、改善环境着手，为非现金支付工具健康、均衡发展，维护支付体系安全、高效运行创造良好的条件。

第一，要加快修改《票据法》。应当适度放开票据的融资功能，确认商业本票的法律地位，以满足商业信用发展和市场对融资性票据的要求；放松本票只为即期票据的规定，发挥其远期信用功能；与《电子签名法》相适应，确立电子票据的法律地位；补充、完善票据丧失补救制度，就票据的挂失止付、公示催告和普通诉讼等问题进一步明确；改进票据的参加制度，增加有关参加承兑、参加付款的规定，使持票人行使追索权时债务人的债务金额降低到应有程度；

确立票据截留和影像技术的合法性，保障票据截留和影像交换业务的合法有效开展。

第二，出台《银行卡条例》。银行卡业务快速发展的同时，银行卡领域存在的不规范运作问题也日益突出，例如，不合理定价、不正当竞争问题，利用银行卡进行欺诈、洗钱问题等，给银行卡支付领域带来较大的风险隐患，制约了银行卡的健康发展。制定和实施《银行卡条例》将对规范银行卡的发卡、收单、清算机构及其行为，明确银行卡市场各参与方的权利、义务和责任，推动银行卡的普及和应用，提高银行卡消费比例都具有非常重要的现实意义。

第三，制定较高层次的现代化支付系统运行管理法规。重要支付系统能否安全、高效运行，事关一国经济金融稳定，而防范支付系统中的结算风险、运行风险、法律风险、系统性风险需要有相应的法律制度安排。从国际经验看，发达国家和新兴市场化国家在支付系统、证券结算系统的管理、运行等方面都有明确的高层次的法律和法规。中国目前有关支付系统的规定仍停留在政府部门规范性文件的水平上，且只对业务处理、运行等提出了要求。关于支付系统参与者准入、退出、结算最终性的法律地位、结算风险的处置等没有相应的法规。因此，应尽快制定相关的法律法规，明确包括中外资金融机构以及清算组织在内的所有支付系统参与者的准入、退出条件和程序，流动性管理和风险管理规则，确定支付系统运行准则，防范参与者和支付系统本身产生的各类支付风险，保障支付系统安全稳定运行。

第四，研究建立针对电子货币的法规制度和监管机制。预付卡、网络货币给发行者带来几方面的利益：一是具有预付性质，发行者能够起到筹资作用；二是有利于稳定消费者群体，给发行者带来稳定的收入；三是与信用卡相比，预付卡不受消费者不良信用的影响；四是创造优质的预付卡品牌可以淡化消费者对产品成本的关心；五是适合于没有开立账户或不想开立账户的用户。基于这些特点，中国的预付卡发展较快，有效回避了消费中的信用问题、排队问题、现金安全问题等。预付卡作为电子货币，具有内生性质，对中央银行货币的使用、流通以及中央银行货币政策具有潜在影响。中国应借鉴欧盟等国的经验，及早研究明确电子货币的规范运行问题，核心是电子货币发行主体资质、电子货币的赎回、电子货币安全保障和欺诈、违约的责任界定等问题。

第五，中央银行应当依法加强对非金融支付服务机构的监管，促其规范竞争，改进服务，加快资金到账时间；建立高效率的差错、投诉和争议处理工作机制，提高差错处理效率。

第六，建设和完善与信用相关的信息管理系统，为落实相关制度、提高社会信用水平提供有效和技术支持。人民银行建设的企业和个人征信系统、人民币银行结算账户管理系统和联网核查公民身份证信息系统为建立适应市场经济需要的信用体系、落实账户实名制、提高企业和个人信用水平提供了重要手段。

6.3.4　促进创新，提高支付效率

中国经济发展不平衡的状况决定了支付创新的两种不同形式：一种是传统支付工具的推广，另一种是基于电子支付的创新。前一种形式在经济欠发达地区甚至在部分经济发达地区显然更具现实意义。

票据在今后较长的时期内仍将是受中国企业欢迎的非现金支付方式。在完善票据法规制度的同时，中央银行还有必要引导票据的发展方向。全国支票影像交换系统的建成运行实现了支票在全国范围内的流通并成为以企业信用为依托的即期支付工具。电子商业汇票的推出及相关应用系统的建成运行，为票据市场化打下了良好基础。由于电子商业汇票比纸质商业汇票的付款期限从6个月延长到1年，最大承兑金额也提高到10亿元，使得商业汇票的应用价值大大提升。如果商业承兑汇票能够得到明显发展，将对直接融资市场产生巨大影响，并有效改善融资结构。

目前，中国企业间的产品销售仍然缺少有效的远期信用支付工具。以合同文本的方式签订支付协议导致企业债权不能转让，形成大量的应收账款。如果实施企业应收账款证券化并用于交易、抵押，有利于解决目前中国企业间的应收账款金额巨大、债务链条复杂的问题，实际上类同于发展商业票据，如果制度设计合理，这项业务具有发展前景。商业承兑汇票、商业本票适合于在有上下游关系的企业之间使用，因为这些企业相互间比较熟悉，产品购销频繁，信用关系相对稳定。通过推行商业票据，可以较好解决企业当前流动资金不足的问题，而且票据可以转让，有利于盘活企业资产。同时应当培育票据专营机构，实现票据市场的专业化运作。由于票据具有标准化、可转让等特点，一些票据还具有融资功能，从长远看，随着网络信息技术和安全技术的成熟，电子票据仍将有较大的发展前景。

基于电子支付的创新在经济发达地区和大中城市可行性较大。金融与技术融合趋势的不断增强，将为银行业进行支付创新、专业化的非金融支付服务组织渗透到电子支付服务领域提供更加便利的机会。就政府机构和行业组织而言，推行行业标准是促进支付创新和扩展应用的必要条件。欧盟推行单一欧元支付区（SEPA）的实践表明，在一个大的经济体中，支付技术标准和支付网络的统一要比企业间的支付处理方式相互兼容更有效率。类似的典型事例是 TCP/IP 协议标准的推行促进了全球互联网的一体化，并大大降低了依托互联网开发新产品的成本。目前，制约中国电子支付业务发展的一个重要因素是发票的开具问题。当消费者和商家处在异地时，发票需要邮递的方式传回，速度慢，且存在违约、遗失等问题。网上消费和移动支付被限于 B2C 的小额支付与此不无关系。为解决这一问题，可尝试开发全国统一的、标准化的电子发票，并设立专门的服务机构，解决 B2C、B2B 的电子支付发票开具问题。

支付创新的另一个重要领域是银行业自身的改革和支付系统的技术改造。随着中国资本市场的不断发展、银行业在传统的存贷款市场竞争的不断加强，利差收入空间将进一步下降。银行争夺利润增长点的努力必然转向中间业务和混合业务。同时银行内部业务数据的大集中和以客户为中心的经营理念要求对其内部进行整合。银行业在支付领域的创新还有很大的空间。银行应当充分利用自身的网络银行系统，扩展客户服务功能，如理财服务和账户服务，利用移动支付工具提供移动银行服务，并提供电子凭证或凭证的影像截留服务等。

非金融机构支付服务创新顺应了互联网时代的发展趋势。中国的新型工业化、信息化、城镇化、农业现代化，以及产业结构调整、人口结构变迁，需要强大的互联网金融基础设施支持。而互联网金融基础设施的根基又是互联网支付平台。支付平台需要货币、信用、网络（系统和终端、工具）、法律（规则）等要素支撑，支付交易量是支付平台的主要考核指标。提高效率（便捷性）、保障安全、降低成本、为客户定制服务（或称以客户为中心）是创新的动力所在。要发挥网络正外部性，支付平台必须留住足够的客户，并不断传播自己的品牌和服务。从长远看，专业化服务仍然是趋势，如针对某一、某些行业，某些领域的专业化服务，能够积累有用的交易大数据和信用信息数据，以此为基础叠加金融类服务。

6.3.5　中央银行应重点关注支付体系发展不平衡问题

中国支付体系发展不平衡的主因虽然是经济发展的不平衡，但支付体系发展的不平衡也有其他内在的原因，如支付习惯、基础设施、收费结构、地下经济等。由于非现金支付具有网络经济特征，无论哪种非现金支付方式，只要网络延伸不到的地方就无法得到使用。即使是纸基支付工具也需要银行网点和票据交换机构。而支付基础设施建设状况的不平衡致使先进的网络支付技术无法在欠发达地区得到应用。因此，促进中小城市和农村地区支付服务现代化的首要任务是加快相关基础设施建设。在这方面，中央银行已采取了一系列措施，如指导、协调农村信用社加快自身基础设施建设，为农村信用社加入大额实时支付系统和小额支付系统创造条件。中央银行还组织金融机构开展农民工银行卡特色服务、基于乡村的助农取款、转账、小额存现服务，以及移动支付服务，把支付服务网络延伸到农村地区的村、镇。未来，中央银行应继续帮助未接入现代化支付系统的农村金融机构加快其基础设施建设，使其尽快纳入中国统一的跨行支付系统中。此外，应建立发挥中小城市和农村地区金融机构自身作用的激励机制，制定和采取鼓励使用非现金支付工具的政策。中央银行应当会同政府有关部门，大力扩展普惠金融，协调金融机构与通信企业、银行卡组织开展在中小城市、农村地区的合作，促进银行卡、电话银行、手机银行、自助银行在这些地区的发展与普及，扩展小额借、贷记支付业务，方便缴费、社保资金发放等。

参 考 文 献

一、中文部分

［1］纽曼、米尔盖特、伊特韦尔编，胡坚等译：《新帕尔格雷夫货币金融大辞典》，经济科学出版社，2000。

［2］凯恩斯：《就业、利息和货币通论》，商务印书馆，1993。

［3］亚当·斯密：《国富论》中译本，陕西人民出版社，2001。

［4］马克思：《资本论》第一、第三卷，人民出版社，1975。

［5］中共中央马克思恩格斯列宁斯大林著作编译局编译：《马克思恩格斯全集第三十一卷：经济学手稿（1857—1858 年)》，人民出版社，1998。

［6］约翰·史密森著，柳永明、王蕾译：《货币经济学前沿：论争与反思》（修订版），上海财经大学出版社，2004。

［7］格利、肖著，贝多广译：《金融理论中的货币》，上海三联书店，上海人民出版社，2006。

［8］蒙代尔著，向松祚译：《蒙代尔经济学文集》，中国金融出版社，2003。

［9］斯蒂格利茨、格林沃尔编著，陆磊、张怀清译：《通往货币经济学的新范式》，中信出版社，2005。

［10］托马斯·J. 萨金特著，朱保华译：《动态宏观经济理论》，上海财经大学出版社，2014。

［11］卡尔·E. 沃什著，周维忠译：《货币理论与政策》（第二版），上海财经大学出版社，2004。

［12］凯文·多德著，丁新娅、桂华、胡宇娟译：《竞争与金融：金融与货币经济学新解》，中国人民大学出版社，2004。

［13］菲利普·莫利纽克斯、尼达尔·沙姆洛克著，冯健等译：《金融创新》，中国人民大学出版社，2003。

［14］劳伦斯·H. 怀特著，李扬等译：《货币制度理论》，中国人民大学出版社，2004。

［15］安德鲁·马斯—科莱尔、迈克尔·D. 温斯顿、杰里·R. 格林：《微观经济学》上、下册，中国人民大学出版社，2001。

［16］十国集团中央银行支付结算体系委员会编写，苏宁主编（译）：《发达经济体支付结算体系》，中国金融出版社，2005。

［17］十国集团中央银行支付结算体系委员会编写，苏宁主编（译）：《支付体系比较研究》，中国金融出版社，2005。

［18］易纲：《中国的货币化进程》，商务印书馆，2004。

［19］吴易风、刘凤良、吴汉洪： 《西方经济学》，中国人民大学出版社，1998。

［20］李晓西著：《宏观经济学（中国版)》，中国人民大学出版社，2005。

［21］龚六堂编著：《动态经济学方法》，北京大学出版社，2002。

［22］李晓西等：《2003 中国市场经济发展报告》，北京师范大学经济与资源管理研究所，中国对外经济贸易大学出版社，2005。

［23］平新乔、胡汉辉主编：《斯蒂格利茨〈经济学〉导读》，中国人民大学出版社，2001。

［24］马克·卡灵顿、菲利普·兰古斯、托马斯·斯坦纳著，何瑛译：《银行革命》，经济管理出版社，2003。

［25］布鲁斯·萨莫斯编：《支付系统：设计管理和监督》，中国金融出版社，1996。

［26］科斯、诺思、威廉姆森等著，克劳德·梅纳尔编，刘刚、冯健、杨其静、胡琴等译：《制度、契约与组织》，经济科学出版社，2003。

［27］中国人民银行支付结算司编：《中国支付体系发展报告》 （2006—2013)，中国金融出版社。

［28］中国人民银行支付结算司编：《中国人民银行支付系统制度汇编》，中国金融出版社，2006。

［29］戴维·S. 埃文斯、理查德·斯默兰著，徐钢、何芙蓉译：《塑料卡片的魔力——交易的数字化革命》，中国金融出版社，2004。

［30］伊藤·诚、考斯达斯·拉帕维查斯著，孙刚、戴淑艳译：《货币金融

政治经济学》，经济科学出版社，2001。

[31] 郑先炳：《西方货币理论》，西南财经大学出版社，2001。

[32] 杨胜刚：《没有货币的金融学》，载《经济评论》，2001（5）。

[33] 尹龙：《网络金融理论初论——网络银行与电子货币的发展及其影响》，西南财经大学出版社，2003。

[34] 江晴：《解读后货币经济》，武汉大学出版社，2005 。

[35] 张昕竹等：《中国银行卡交易定价机制研究》，中国银联委托中国社科院研究（未出版）。

[36] 贺培：《经济与金融体系中的支付系统》，中国财政经济出版社，2001。

[37] 周金黄：《现代支付体系发展与货币政策机制调整》，载《金融研究》，2007（1）。

[38] 骆玉鼎：《新货币经济学述评》，载《经济学家》，1998（2）。

[39] 尹恒：《电子支付体系发展构想》，载《经济评论》，2002（6）。

[40] 杨胜刚：《没有货币的金融学：新货币经济学评介》，载《经济评论》，2001（5）。

[41] 胥利、陈宏民：《中国银行卡组织运作模式的福利分析》，载《世界经济》，2005（6）。

[42] 骆品亮：《商户联盟与 HOTELLING 竞争下支付卡交换费的比较分析》，载《复旦学报（自然科学版）》，第44卷第6期，2005年12月。

[43] 程贵孙、孙武军：《银行卡产业运作机制及其产业规制问题研究》，载《国际金融研究》，2006（1）。

[44] 彭兴韵、包敏丹：《改进货币统计与货币层次划分的研究》，载《世界经济》，2005（1）。

二、英文部分

[1] Committee on Payment and Settlement Systems：Statistics on payment and settlement systems in selected countries，figures for 2004、2005，from www. bis. org.

[2] Thorsten Koeppl, Cyril Monnet and Ted Temzelides：Settlement and Mechanism Design，from ECB. January 2006.

［3］Elizabath Klee: Families' Use of Payment Instruments During a decede of Change in the U. S. Payment System, from Governors of the Federal Reserve System, February 2006.

［4］Marianne Verdier: Retail Payment Systems: What Do We Learn from Two - Sided Markets? from Working Papers in Economics and Social Sciences, March 2006.

［5］David Bounie and Abel Francois: Cash, Check or Bank Card? The Effects of Transaction Characteristics on the Use of Payment Instruments, from Working Papers in Economics and Social Sciences, March 2006.

［6］Jeffrey M. Lacker: Central Bank Credit in the Theory of Money and Payments, from The Economics of Payments II Conference Federal Reserve Bank of New York March 2006.

［7］Stacey L. Schreft: How and Why Do Consumers Choose Their Payment Methods? from Federal Reserve Bank of Kansas City Economic Research Working Papers, April 2006.

［8］Thorsten Koeppl Cyril Monnet and Ted Temzelides: A Denamic Model of Settlement, from European Central Bank Working Paper Series, No. 604/April 2006.

［9］David Humphray, Magnus Willesson, Goran Bergendahl and Ted Lindbrom: Benefits from a Changing Payment Technology in European Banking, from Journal of Banking&Finance 30 (2006): 1631 - 1652.

［10］Alistair Milne: What is in it for us? Network Effects and Bank Payment Innovation, from Journal of Banking&Finance 30 (2006): 1613 - 1630.

［11］Morten L. Bech from Federal Reserve Bank of New York, Rod Garrat from University of California Santa Barbara: Systemic Risk in the Interbank Payment System due to Wide - Scale Disruptions, Oct. 2006 from www. riksbank. se.

［12］Ed Nosal, Guillaume Rocheteau and Randall Wright: Recent Developments in Monetary Economics: A Summary of the 2004 Workshop on Money, Banking and Payments, from Policy Discussion Papers Number 8, January 2005.

［13］David C. Mills, Jr.: Alternative Central Bank Credit Policies of Liquidity Provision in a Model of Payments, from Journal of Monetary Economics, May 2005.

［14］Committee on Payment and Settlement Systems: Central bank oversight of payment and settlement systems, fromwww. bis. org, May 2005.

[15] David S. Evans and Richar Schmalensee: The Economics of Interchange Fees and Their Regulation: An Overview, from Joint Center, May 2005.

[16] Mats A. Bergman: Two – sided network effects, Bank Interchange Fees, and the Allocation of Fixed Costs, Working Paper from Sveriges Riksbank, 2005.

[17] Justen Ghwee: Payment System and Monetary Policy Tools, from The University of Texas at Austin Job Market Paper, September 2005.

[18] Benjamin Lester: A Model of Interbank Settlement, from Department of Economics University of Pennsylvania, lester@ econ. upenn. edu October 2005.

[19] Randall Wright: Introduction to "Models of Monetary Economics II: The Next Generation ", from Federal Reserve Bank of Minneapolis Quarterly Review Vol. 29, No. 1, October 2005, pp. 2 – 9.

[20] Luis M. B. Cabral: Market Power and Efficiency in Card Payment Systems: A Comment on Rochet and Tirole, from New York University and CEPR, November 2005.

[21] Jean – Charles Rochet and Jean Tirole: Two – Sided Markets: A Progress Report, November 2005.

[22] David Humphrey, Magnus Willesson, Goran Bergendahl and Ted Lindblom: Benefits from a changing payment technology in European banking, form Journal of Banking & Finance xxx (2005) xxx – xxx, 2005 Elsevier B. V.

[23] David C. Mills, Jr. : Alternative Central Bank Credit Policies for Liquidity Provision in a Model of Payments, from Finance and Economics Discussion Series, 2005 – 55.

[24] Harry Leinonen: Liquidity, Risks and Speed in Payment and Settlement Systems – A Simulation Approach, from Bank of Filand Studies E: 31. 2005.

[25] Committee on Payment and Settlement Systems: General guidance for payment system development, consultative report, from www. bis. org 2005.

[26] Michael Latzer, Forrest H. Capie, Florian Saurwein, Stefan W. Schmitz, Dimitrios P. Tsomocos, Geoffrey E. Wood, Lawrence H. White: Institutional change in the payment systems by electronic money innovations: implications for monetary poli-

cy, Institute of Technology Assessment of The Austrian Academy of Sciences, 2005.

[27] Gabriela Guibourg and Bjorn Segendorf: Do Prices Reflect Costs? from Sveriges Riksbank Working Paper Series 172, October 2004.

[28] Kurt Johnson, James J. McAndrews and Kimmo Soramoki: Economizing on Liquidity with Deferred Settlement Mechanisms, from FRBNY Economic Policy Review, Dec. 2004.

[29] Paul O'Brien: Role of Payment System Oversight in Financial Stability/Financial Infrastructure, from BIS Financial Stability Report 2004.

[30] David B. Humphrey and Bent Vale: Scale economics, bank mergers, and electronic payments: A function approach. from Journal of Banking & Finance 28 (2004): 1671 – 1696.

[31] David C. Mills, Jr. : Mechanism Design and the Role of Enforcement in Freeman's Model of Payment, from Review of Economic Dynamics 7 (2004): 219 – 236.

[32] Jeffrey M. Lacker: Payment system disruptions and the federal reserve following September 11, 2001, from Journal of Monetary Economics 51 (2004): 935 – 965.

[33] Marco Arnone and Luca Bandiera: Monetary Policy, Monetary Areas, and Financial Development with Electronic Money, IMF Working Paper, WP/04/122.

[34] A white paper prepared by VISA International Globe Insight, INC: The Virtuous Circle: Electronic Payments and Economic Growth, June 2003.

[35] Sujit Chakravorti: Theory of Credit Card Networks: A Survey of the Literature, from Reviews of Network Economics, Vol. 2, Issue 2 – June 2003.

[36] Robert M. Hunt: An Introduction to Economics of Payment Card Networks, Working Paper 03 – 10 of Federal Reserve Bank of Philadelphia, June 2003.

[37] Committee on Payment and Settlement Systems: The role of central bank money in payment systems, BIS, August 2003.

[38] James Bullard and Bruce D. Smith: Intermediaries and Payment Instruments, from Journal of Economic Theory109 (2003): 172 – 197.

[39] Edward Simpson Prescott and John A. Weinberg: Incentives, communica-

tion and payment instruments, from Journal of Monetary Economics 50 (2003) 433 -
454.

[40] Julian Wright: Optimal card payment systems, from European Economic Review 47 (2003): 587 - 612.

[41] Daniel Heller and Yvan Lengwiler: Payment obligations, reserve requirements, and the demand for central bank balances, from Journal of Monetary Economics 50 (2003): 419 - 432.

[42] Stephen D. Williamson: Payments systems and monetary policy, from Journal of Monetary Economics 50 (2003): 475 - 495.

[43] Julian Wright: Pricing in debit and credit card schemes, from Economics Letters 80 (2003): 305 - 309, 2003 Elsevier B. V.

[44] James Bullard, Bruce D. Smith: The Value of inside and outside money, from Journal of Monetary Economics 50 (2003): 389 - 417.

[45] Paul Kellogg: Evolving Operational Risk Management for Retail Payments, from Emerging Payments Occasional Papers Series 2003 - 1E.

[46] Stephen Millard and Matthew Willison: The Welfare Benefits of Stable and Efficient Payment Systems, from The Bank of England's Working Papers Series, 2003.

[47] Jeffrey M. Lacker, John A. Weinberg: Payment economics: studying the mechanics of exchange.

[48] Bernard A. Lietaer: The Future of Payment Systems, from Unisys Corporation, May 2002.

[49] Innovation in Financial Services and Payments, Asummary of a conference organized by the Research Department and the Payment Cards Center of the Federal Reserve Bank of Philadelphia, May 16 - 17, 2002.

[50] Kjersti - Gro Lindquist: The Effect of New Technology in Payment Services on Banks' Intermediation, from Working Papers of Norges Bank, August 30, 2002.

[51] George Rees and Les Lorenzo: The Emerging Electronic Payments Economy, from The Journal of Work Process Improvement, December 2002.

[52] Drucilla Ekwurzel and John Mcmillan: Economics Online, from Journal of Economic Literature Vol. XXXIX (March 2001), pp. 7 - 10.

[53] Richard Schmalensee: Payment Systems and Interchange Fees, from National Bureau of Economic Research, US, April 2001.

[54] David B. Humphrey, Moshe Kim, and Bent. Vale: Realizing the Gains from Electronic Payments: Costs, Pricing, and Payment Choice, from Journal of Money, Credit and Banking Vol. 33, No. 2 (May 2001, Part 1).

[55] Michael Woodford: Monetary Policy in the Information Economy, Prepared for the "Symposiun on Economic Policy for the Information Economy", Federal Reserve Bank of Kansas City, from Department of Economics Princeton University, September 2001.

[56] Charles M. Kahn and William Roberds: Real – Time Gross Settlement: the Costs of Immediacy, from Journal of Monetary Economics 47 (2001): 299 – 319.

[57] Joanna Stavins: Effect of Consumer Characteristics on the USA of Payment Instruments, from New England Economic Review, Issue Number 3 – 2001.

[58] Andrew Crockett: Financial Stability in the Light of the increasing Importance of Online – Banking and E – Commerce, from BIS Review, 5/2001.

[59] Committee on Payment and Settlement Systems: The Contribution of Payment systems to Financial Stability, Papers presented at a workshop on payment systems at CEMLA, Mexico City, May 2000.

[60] Michael Woodford: Monetary Policy in a World without Money, from National Bureau of Economic Research Working Papers, August 2000.

[61] Jams B. Thomson: Panel: Thoughts on the Future of Payments and Central Banking—The Role of Central Banks in Money and Payments Systems, from Journal of Money, Credit, and Banking, Vol. 31, No. 3 (August 1999, Part 2).

[62] Charles M. Kahn, James McAndrews, and William Roberds: Settlement Risk under Cross and Net Settlement, from Federal Reserve Bank of Atlanta Working Paper 99 – 10a, November 1999.

[63] Diana Hancock, David B. Humphrey and James A. Wilcox: Cost reductions in electronic payments: The roles of consolidation, economies of scale, and technical change, from Journal of Banking & Finance 23 (1999): 391 – 421.

[64] Benjamin M. Friedman: The Future of Monetary Policy: The Central Bank

as an Army with Only a Signal Corps? from International Finance 2:3, 1999: pp. 321－338.

[65] Diana Hancock and David B. Humphrey: Payment Transactions, Instruments, and Systems: A Survey, from Journal of Banking&Finance 21 (1998): 1573－1621.

[66] Charles M. Kahn and William Roberds: Payment System Settlement and Bank Incentives, from The Review of Financial Studies Winter 1998 Vol. 11, No. 4, pp. 845－870.

[67] James J. McAndrews: Banking and Payment System Stability in an Electronic Money World, from Federal Reserve Bank of Philadelphia Working Paper No. 97－99, July 1997.

[68] Jeffrey M. Lacker: Clearing, settlement and monetary policy, form Journal of Monetary Economics 40 (1997): 347－381.

[69] Craig Furfine and Jeff Stehm: Analying Alternative Intraday Credit Policies in Real－Time Gross Settlement Systems, from Board of Governors of the Federal Reserve System, 1997.

[70] Tomas J. T. Balino, Omotunde E. G. Johnson and V. Sundararajan: Payment System Reforms and Monetary Policy, from IMF: Finance & Development/ March 1996.

[71] John Smithin: Hicks on Keynes and Thornton, from Canadian Journal of Economics Revue, April 1996.

[72] Allen N. Berger, Diana Hancock and Jeffrey C. Marquardt: A Framework for Analyzing Efficiency, Risks, Costs and Innovations in the Payments System, from Journal of Money, Credit and Banking, Vol 28, No. 4, (November 1996, Part 2).

[73] Mark J. Flannery: Financial Crises, Payment System Problems and Discount Window Lending, from Journal of Money, Credit and Banking, Vol 28, No. 4 (November 1996, Part 2).

[74] Alan Greenspan: Remarks on Evolving Payment System Issues, from Journal of Money, Credit and Banking, Vol 28, No. 4, (November 1996, Part 2).

[75] Paul W. Bauer and Gary D. Ferrier: Scale Economies, Cost Efficiencies,

and Technological Change in Federal Reserve Payments Processing, from Journal of Money, Credit and Banking, Vol 28, No. 4, (November 1996, Part 2).

[76] Allen N. Berger, Diana Hancock, Jeffrey C. Marquardt: A Framework for Analyzing Efficiency, Risks, Costs, and Innovations in the Payments System, from Journal of Money, Credit, and Banking, Vol. 28, No. 4 (November 1996, Part 2).

[77] David B. Humphrey, Lawrence B. Pulley, Jukka M. Vesala: Cash, Paper, and Electronic Payments: A Cross – Country Analysis, from Journal of Money, Credit, and Banking, Vol. 28, No. 4 (November 1996, Part 2).

[78] Jean Charles Rochet, Jean Tirole: Controlling Risk in Payment Systems, Journal of Money, Credit, and Banking, Vol. 28, No. 4 (November 1996, Part 2).

[79] Nobuhiro Kiyotaki and Randall Wright: A Search – Theoretic Approach to Monetary Economics, from The American Economic Review, March 1993.

[80] Tyler Cowen and Randall Kroszner: The Development of the New Monetary Economics, from Journal of Political Economy, 1987, Vol. 95, No. 3.

[81] Kenneth J. White: The Effect of Bank Credit Cards On the Household Transactions Demand for Money, from Journal of Money, Credit, and Banking, Vol. 28, No. 4.

[82] A Comment by Lawrence S. Ritter and Thomas R. Atkinson: Monetary Theory and Policy in the Payments System of the Future, from Journal of Money, Credit and Banking.

[83] Shouyong Shi: A Microfoundation of Monetary Economics, from Department of Economics University of Toronto 150 St. George Street, Toronto, Ontario, Canada, M5S 3G7, 2006.

[84] Jon Steinsson: The Implementation of Monetary Policy in an Era of Electronic Payment Systems, Harvard University.

[85] C. Freedman: Monetary Policy Implementation: Past, Present and Future— Will the Advent of Electronic Money Lead to the Demise of Central Banking?

[86] David S. Evans and Richard Schmalensee: The Economics of Interchange Fees and Their Regulation: An Overview, 2005.

后　记

　　本书是在我博士研究生论文基础上修改而成的。2007 年夏天，当我从北京师范大学毕业并获得博士学位时，受我的导师李晓西老师的鼓励，就想一气呵成，将论文发表。但由于工作十分繁忙，更主要的是支付体系的发展异常迅速，持续冲击着实业界和学界，这使我对论文的发表时而信心十足，时而又觉多有不妥。这样一晃就是 8 年时间。好在其间我目睹并亲身参与了我国支付体系的建设，参与组织建设中央银行现代化支付系统、参与组织支付体系的监管和相关法律制度的完善工作，对支付服务领域的创新发展给予高度关注，对支付体系领域的国际合作交流工作也频繁参与。基于此，我不断更新、修正了论文。无论在我就读博士研究生期间还是之后修改完善论文的过程中，李晓西老师始终给了我大力支持和悉心指导。我的不少同事、朋友以及我的家人也给予我很多的支持、帮助，在此一并表示感谢。

　　在互联网时代，基于互联网的支付体系构成了互联网经济和金融的重要基础设施。新技术不断应用于支付领域，使支付的随时、随地、随意性变得异常重要和突出。人们在强调支付的低成本、高效率的同时，也不断关注着支付的安全性和隐私保护问题。对此，确有必要就支付经济学开展系统性的研究。电商平台、社交平台、搜索引擎以及由此形成的大数据、云服务、征信体系，如何在支付安全与效率成本之间取得平衡，中央银行等监管部门如何在促进效率、支持创新的同时，维护公平正义，维护货币金融体系的稳定，增进社会福利，都应该属于支付经济学的研究范畴。作为国内这方面研究的尝试，本书旨在抛砖引玉，投石问路。

　　感谢中国金融出版社黄海清先生对本书出版倾注的精力。

2015 年 4 月